遊びが育てる世代間交流

子どもとお年寄りをつなぐ

芸術教育研究所所長
多田千尋著

黎明書房

まえがき

近年、国や地方自治体で唱えている子育て支援で気になることがある。それは、子育ての問題が、子どもを育てる親への支援に偏りすぎている傾向だ。例えば、ある地方自治体の朝七時から夜一〇時まで行われるようになった延長保育が、子育て支援を充実させたことになっている点だ。デンマークやフィンランド等の北欧諸国では、特に子育て中の父親や母親は自分の身を削ってまで働いていない。四時、五時までに仕事を終え保育園に迎えにいき、その後は家でゆったりと過ごしている。日本の子育て支援が、何か子どもへのしわ寄せの上に成り立っているように思えてならない。

子育て支援を考える場合には、子どもを育てる親への支援とともに、子ども自らの成長の応援も合わせて考えていきたい。どちらかといえば、後者の子どもの育ちの支援の方が、実は主人公にならなくてはいけない。〇歳から六歳までの育ちというのは、人間の土台作りとしては一番大切な時期だ。だからこそ、子どもにしわ寄せがいくような子育て支援には問題を感じる。子どもの育ちを優先させた子育て文化の形成を、皆さんと一緒に考えられればと思ったことが、本書を執筆する上での大きな動機の一つになっている。

もう一つの動機は、子どもとお年寄りの世代間コミュニケーションが希薄になっていることだ。両者がお互いに付き合わない世の中に、いつのまにかなってしまった。昔は各家庭が多世代子育て支援センターだった。子どもとお年寄りは切っても切れない仲間だったし、たっぷりとしたコミュニケーションの太いパイプでつながっていた。また、昔のお年寄りは単に託児機能を発揮するだけではなく、文化の伝承者でもあった。雨の日に子どもが退屈していれば、紐一本でワンダーランドを展開し、あやとりで子ども達をワクワクさせた。夜ぐずついて眠れない子どもがいれば、おじいちゃん、おばあちゃんは昔話をすることによって伝承文化を伝えた。今までの日本が何百年、何千年と築き上げてきた三世代子育て支援を、地域にあった、現代的なシステムで復活させられないかといった可能性も本書を通じて探ってみたかった。

さらに、今日の子どもたちの「遊び力」が心配なことも執筆の大きなきっかけとなっている。今、子どもには子ども時代に獲得しなければならないさまざまな力が欠落しているように思うが、その大きな一つがこの「遊び力」だ。

子どもたちの集団遊びやアウトドアの活動が擦り切れ始めている。部屋に四人集まっても、一人遊びが四人いるだけだ。コンピューターゲームに夢中になっている子ども、ブロックでロボットを作っている子ども、漫画を読んでいたり、違うゲーム機で遊んでいる子どもがいたりと、一人一人が自分の世界で楽しんでいる。

おもちゃの技術革新やテレビ文化の著しい発展によって、子どもたちは多くの楽しみをプレゼントしてもらったが、失うものも大きかった。友だち同士のコミュニケーションの絶対量や人間同士がもみ合う、もまれ合うといった摩擦が少なくなっているように思われる。

子どもたちが、何故か一人遊びに磨きをかけていて、他者とのかかわりを求めることよりも、自分の世界を築くことに子ども時代から脈々と努力を積み重ねているのだ。

遊びは唯一、子どもたちが人間の研究をできる活動である。「こんなことをいったらタケシ君は悲しそうな顔をする」とか「こういうことをしてあげるとアキコちゃんは嬉しそうな表情をする」といったように、遊びの中で、さまざまな空気を感じ取っているのである。自分自身から情報を発信することによって、周りの環境や他者はどう変わるかといった、人と人との関係力や対応力に磨きをかけ、人間そのものの大切な研究をしているわけである。「立てばマンガ、座ればファミコン、歩く姿は塾通い」と、現代の子どもをこう評した母親がいたが、コミュニケーションの栄養失調の子どもたちに、遊びの中で人間研究をたっぷりとさせたい。

おもちゃはその国の文化水準をあらわすと述べたのは中国の作家、魯迅であるが、おもちゃは、大人がどれだけ子どものことを真面目に考えているかをあらわすリトマス紙のようなものだ。子どもにとって不可欠のおもちゃや遊びを手がかりとした子育ち・子育て論を進めていくことも本書の目的だ。

大人たちは、子どもの遊びの意義を尊重しつつも、その持久力は実は弱い。誰もが親になると、わが子が砂場で一心不乱に遊ぶ姿を微笑ましく思うが、学童となり高学年にもなると「おもちゃはもう卒業。遊ぶ暇があったら勉強しなさい」と、途端にわが子の遊びの評価は低下する。子どもにとって勉強はレベルの高い活動で、遊びは取るに足らない所業となってしまう。はたして、遊びとは子どもたちにとって、その程度のレベルで捉えられてしまっても良いのだろうか。

世代間交流、遊び文化、それに、おもちゃ文化にスポットを当てることによって、子どものこと、お年寄りのことを考えてみたい。そして、本書が、いつの時代も子どもの未来が輝くために、大人は何ができるか、どのようなことを唱えていくべきかを考え合うきっかけになることを願っている。

二〇〇二年七月七日

多田千尋

もくじ

第1章 子どもとお年寄りの交流の喪失

●子どもとお年寄りの逆転現象

「遊びをせんとや生《う》まれけむ、戯《たわぶ》れせんとや生《む》まれけん、遊ぶ子供の声聞けば、我が身さへこそ動《ゆる》がるれ」と歌いあげたのは平安時代の『梁塵秘抄』である。

いつの世にも子どもと遊びは切っても切れないものであったし、子どもたちの遊ぶ姿を眺めることで、大人は慰めを感じて生きてきた。

子どもの無邪気に遊ぶ声を聞いていると、大人は現実社会とのしがらみや悩み事を一瞬忘れ、平和な、幸せな気分になれるものだ。

しかし今や、遊ぶ子どもの声は少なくなり、聞く側の高齢者ばかりが増え続けている。

一九四七年から一九四九年におこる第一次ベビーブームでは、一九四九年の二六九万人の年間出生数を最高に、毎年二五〇万人以上の子どもが誕生している。女性が一生涯に出産する子どもの数を表す出生率も四・三四人の高水準であった。当時、世間には四人兄弟や五人兄弟が数多くいたわけだ。第二次ベビーブームでも、一九七四年の二〇九万人の出生数に、二・一四人の出生率であった。ところがそれを境に、子どもたちはみるみるうちに減少し、九七年の統計では一一九万人の出生数になり、一・三九人の出生率となってしまった。半世紀の間に一年間に生まれる子どもの数は半分以下になり一〇〇万人以上も減っている。現在はさらに下降線をたどり、史上最低の一・三三人となっている。

今や、一四歳以下の年少人口は一九一八万人まで落ち込み、総人口に占める割合は一五・二%までになってしまった。一方、高齢者は六五歳以上が二〇二四万人であり、総人口に占める割合は一六・〇%になっている。

つまり、一〇〇人の人口のうち子どもは一五人、お年寄りは一六人いるということになり、日本が歴史上初めて経験する子どもとお年よりの逆転現象が起こった。国も、専門家もさらなる逆転があることを予想する人は誰もいない。

時代と共に大衆長寿化と少子化の同時進行による本格的な高齢社会を迎えたことになり、確実に子どもは減り続け、「遊ぶ子供の声聞けば、我が身さへこそ動がるれ」が、郷愁の彼方に遠ざかりつつある。

そのような状況と合わせて、家族や地域も変わりつつある。急激な核家族化による家族構成の変化

父親とバスケットボールゲームで遊ぶ幼児。一人遊びの達人になってしまった子どもたちが，コミュニケーション豊かに遊ぶためには父親の役割も大切。

は、多世代社会の世の中とは逆に、世代間断絶の家族を数多く生むことになった。若い父親や母親によるニューファミリーは、高齢者との付き合いが希薄になり、七五三や小学校の運動会のときなど年中行事の際にかかわり合うに過ぎなくなった。

また、大量の人口の移動にともなって、地域住民は新旧混在型となり、古くから住み続けている住民と新しく移り住んできた住民との間にコミュニケーションの不和を生むことも少なくないようだ。新しい住民が古くから続く町内会とのかかわりを絶つようになるなど、今や「向こう三軒両隣」は死語に近い。

高学歴化によって教育システムも様変わりした。かつて、子どもたちは地域の幼稚園や学校に徒歩で通うことが当たり前であったが、今では、幼稚園バスで通園したり、私学志向によって定期券で通う小中学生が激増している。サラリーマンで酒臭くなっている車両で、ランドセルを背負った小学生を見かけることも決してめずらしいことではない。

そのような地域社会の様変わりの中で、少子高齢社会と重ね合わせて現代社会や地域コミュニティを俯瞰すると、子どもとお年寄り双方のコミュニケーションの喪失が浮き彫りになってくる。

これを、子どもとお年寄りを中心とした多世代社会におけるコミュニケーションの喪失としてとらえたい。子どもが育ち、高齢者が自己実現を果たし、生活の中で大いに遊び、豊かにコミュニケーションをする上で重要な視点として「時空」「人間関係」「世間」「自然」を取り上げ、希薄になりつつある子どもとお年寄りを中心とする多世代コミュニケーションの喪失を考えていきたい。高度経済成長と共に崩れてしまったものではあるが、子どもの遊びや文化、さらには多世代交流を考える上で大切な指標となるものだ。

●時空を失った子どもとお年寄り

子どもやお年寄りには、元来あふれるようなコミュニケーションの時空が確保されていた。子ども時代、時間も忘れて遊んだ日々を記憶している人は少なくないだろう。子どもたちは地域の近隣の幼稚園や小学校に通っていたので、下校時間に道草をしながらコミュニケーションを持ったり、帰宅直後から即、遊びの時間に移行することができた。

友だち同士の遊びの誘い合いも楽だった。教室で約束し合ったり、家までいって直接誘い合うのが常だった。子どもたちのコミュニケーションの時間に共通性があり、一定の時間が確保されていたのである。

そんなわれわれの幼年期とは異なり、今の子どもたちは実に忙しい。塾通いかお稽古事が彼らの遊び時間を奪ってしまった。自分に遊び時間があっても、友だちと遊ぶには早くからスケジュールを調整して、分刻みの遊びをこなさなければならない。それはもう、本当の意味での遊びではなくなってしまった。

お年寄りたちも、道端での挨拶から始まり、立ち話にも花を咲かせ、慣習や地域のならわしのことについての相談ごとでは頼りにされた。地域での対話は豊富だった。子育てにおいても、お年寄りが日中子どもを見守ることができたからこそ、現役世代は安心して田畑に出て行かれることもあったはずだ。お年寄りは地域において、話し上手であり、聞き上手であり、相談役や子育て役までこなし、コミュニケーションにおいての出番を地域がきちんとケアしていたようにも思える。

子どもとお年寄りの間の、個々のコミュニケーションの時間の喪失は懸念されるべき問題である。さらに、世代間の交流の時間が失われることによってさまざまな面で問題が浮き彫りになってくる。

一つには文化の伝承の問題である。自分の生まれ育った地域文化は高齢者によって伝え聞くもので、一世代上の親レベルの情報と比べ、厚みがかなり違ってくる。地域ならではの人生儀礼や年中行事、台風や地震、洪水などの自然災害、寓話や民話、いい伝えなどの口承伝承などといった総合的な地域文化の伝え手として、高齢者の存在は子どもにとってかけがえのないものであった。

さらに、生活速度、生活リズムがほぼ同じである子どもとお年寄りは、良きコミュニケーションのパートナーであった。しかも、余暇時間が豊富であり、そのほとんどを遊びの実現に費やす両者は、時間を共有する「遊び仲間」といった位置付けでもある。

しかし今は、大人も子どももお年寄りの話を聞く時間もなければ、一緒に遊ぶ機会もない。子どもは自分一人の遊び時間を確保するのに精一杯である。お年寄りは、遊ぶ相手をなくし、今はテレビと対話をしている。

昔、子どもたちには原っぱと呼ばれる空き地があった。遊ぶ約束をしていなくても原っぱにいけば、たいていいつものメンバーが遊んでいて自然に仲間に加わったりした。大人も、子どもはたいがいそこで遊んでいるものと安心していた。

原っぱのない地域の子どもでも、細い路地は子どもの遊び場と決まっていて、奥まで子どもたちの声が響いていた。車の少なかった時代には路上も格好の遊び場だった。「少し静かにできないのか」と、近所のおじさんに怒鳴られたって、かまわず遊んでいた。夕焼けが空を染め、陽が落ちてしまっても、人さらいの恐怖がなければ、いつまでも遊び続けたものである。今は、「原っぱ」という言葉を知らない子どもがたくさんいるという。

2～4歳児の遊びは，小さいながらも，意外と役割分担や決まりがある。外遊びの天才たちは，異年齢交流で，水遊びにも拍車がかかる。

かつての雑木林や原っぱが、いつの間にか駐車場になり、高層マンションに変わった今日、子どもたちの遊びの空間は高度経済成長時代と共に激変した。「遊びません。車の通る恐い道」という標語が流行ったのもこの頃だ。これは大人社会から子どもへの、「これから日本は高度経済成長しなきゃいけないのだから、おまえたち子どもは、はしっこの方で車に気をつけながら遊べよ」というメッセージであった。本来なら「通りません。子どもが遊ぶ狭い道」という標語が生まれてもよかったはずである。ところが現実は逆であった。

現在、子どもが集う場は、かつて

の駄菓子屋からコンビニエンスストアに取って代わり、塾や習い事もその本来の目的以外に友人と会えるといった意味も加わった。「立てば漫画、座ればファミコン、歩く姿は塾通い」といったように、たまにコンビニなどで子どもを見かけると漫画を読んでいたり、電車の中で熱心に何かやっていると思って見てみると、ゲームをしていたり、どこにいくのかと歩く姿を目で追ってみると、背中に塾のカバンをしょっていたりと、狭い空間で立ち、座り、歩く姿にはコミュニケーションの豊かさはあまり感じられない。かつてのように、地域空間は、子どもたちが自由に遊び、仲間によってもまれ、鍛えられるといったような社会的資源としては機能しなくなってきている。

一九七〇年代中頃までは、原っぱや公園、駄菓子屋、校庭などにいけば、子どもたちの群れに簡単に合流できた。ようするに、たまり場が小学校レベルの学区内にいくつも点在しており、フェイス・ツー・フェイスに優しいアメニティ（快適な生活環境）がきちんと整っており、子どもたちがコミュニケーションを保つための地域コミュニティが確立されていた。

一方、高齢者は近年の社会の変化において地域空間、家庭空間で「濡れ落ち葉」「産業廃棄物」「粗大ゴミ」と揶揄されてきている。空間内での存在価値がこうも急激に低下していくありようは、高齢者がコミュニケーションの対象としてマイナス化し、しかも高齢者自身が自己実現を果たす生き生きとした人生のフィナーレを送っていないことを推測させる。

生活空間からみた高齢者の暮らしも、都市で家庭を営む息子夫婦宅に身を寄せることによって、長年慣れ親しんだ郷土を離れるといった突発的な空間移動が、豊かなコミュニケーションを疎外することになる。知人、友人がいない新天地で、行き場のない高齢者はコミュニケーションの栄養失調に陥ることは免れることができない。また、毎日のように地域の病院に通院するのも、待合室がたまり場と化していることが原因とよくいわれている。「最近見なかったけれど、身体でも悪くしたの」と待合室で交わされる不思議な挨拶も決して笑えないものだ。ある高級住宅街で、高齢者福祉施設の設立に反対を唱える市民のいい分は「地域のアメニティが下がる」ということだった。

今日、多世代社会において、コミュニケーションへの支援を空間は果たしておらず、塾や病院の待合室のような透き間での、ささやかなコミュニケーションを日課としている様子に、日本社会の貧しさを思わずにはおれない。

●友がいない、仲間が薄い

次に子どもと高齢者の「仲間」におけるコミュニケーションの問題に入りたい。

兄弟姉妹が多く、地域に子どもがあふれていた時代は、下は幼児から上は小学校の高学年まで、異年齢集団で遊び組織は形成されていた。目上の人に接する態度や喧嘩における手加減など、地域で子どもが生きるコミュニケーションの基本ルールは子どもたちの上下関係で保たれていた。「遊ぼうよ」と玄関で一声上げれば仲間は飛び出してくる。ガキ大将から子分まで、仲間はたくさんいた。道具なんてなくても六人集まれば、草野球の三角ベースができた。近所の仲間にあぶれた日でも、たくさんの兄弟、姉妹がいて、遊び相手には困りはしなかった。

また、村社会では、群れのしつけと自治も確立していた。民俗学者の大藤ゆきさんの『子どもの民俗学』（草土文化）によると「近所の子どもたちとなんとなく遊んでいた子どもたちも、七歳になると、子どもの遊び仲間に入った。遊び仲間は子ども組といって、七歳から一五歳位までの子どもによって組織され、たまには七つ以下の小さい子が加わる場合もある。子ども組は普段はただの遊び仲間で、組織されているわけではないが、年中行事や祭りなどのときに団結し組織される地域的な子どもの年齢集団で、地方によっては戦前まで活動していた」というように、仲間によるコミュニケーションの豊かさは見事なものだった。

高度経済成長と共に、子どもたちの異年齢集団は今では貴重なものになっている。都市部でも農村部でも一人っ子が増え、さらに、地域における子どもたちの人口密度も低くなっている。「遊びましょ」と玄関口で呼び合う様は、めずらしくなりつつあり、友だちと遊ばない、同年代の人間と会わない日があってもおかしくない世の中になってきた。これは遊び時間の共有化がはかれないことにも一因し、すでに述べた時空の喪失の問題でもある。習い事とお稽古事が小学生段階から盛んになり、子どもたちは遊び仲間を見つけるために、大変な努力をしなければならなくなった。

また、「今日は、○○君と遊ぶから君とは遊べない」という断り方も、子どもたちから同級生に向かって発するようになってきた。かつては、「今日は、○○君と遊ぶから君も遊びにおいでよ」ではなかったか。遊び仲間をクローズする方向ではなく、オープンに誘い込むことが常ではなかったか。

これは、かつての、集えば集うほど遊びがダイナミックに楽しくなった形態が崩れ、少人数がベストの遊び形態に変わってしまったことに起因する。テレビゲームは二人遊びが最適だ。これ以上増えると待ち時間が増えるだけになってしまう。だから、友人からの遊びの依頼を必要最少限にセーブすることが必要になってきてしまった。ただし、こうした切ない断られ方をされれば、通常の子どもは悔しくて涙するはずであるが、一番問題だと思うのは、そうした非情な仕打ちに対し、ドライに受け止めてしまうことができる子どもが案外多いことだ。

さらに、つけ加えることとして、かろうじて集えたとしても、仲間同士のコミュニケーション力の低下が懸念される。五人で仲良く遊んでいると思ったら、一人遊びが五人いただけであったといった話をよく聞く。一人は漫画を読み、もう一人はコンピューターゲーム、三人目はハイテクロボットの分解組み立て遊びに興じているといったように、群れが群れとして機能していない状態が生まれている。オフィス街の昼時に、喫茶店で四人のサラリーマンが話しもせずに一斉に漫画やスポーツ新聞を読んでいる姿によく似ている。かたわらに知人・友人がいても自分の世界に没入する新しいコミュニケーション形態が、子どもにも大人にも見られるのではないだろうか。

高齢者も老人クラブやゲートボールなど仲間組織は充実しているように見えるが、今、地域で老人クラブの加入率は減少し、ゲートボールもおつき合いで参加している人も少なくないと聞く。平成時代に入って、高齢者の特定年齢集団に対して、アレルギー反応を示す新しいタイプの高齢者がかなり増えているのではないか。集団には属さないし、他に仲間がいるわけでもない。一人孤独に地域での生き方を模索している高齢者は、少なくはないだろう。

地域の公園で行った紙芝居に群がる子どもから高齢者。いつの時代もワクワクさせるものに変わりはない。多世代交流は奇をてらったものよりも，あんがいスタンダードなものが良い。

現代日本の社会では、特にリタイア後の男性には、遣り遂げたことへの満足感すなわち、「自分を誉めてあげたい」といったオリンピックで銀メダルを取ったマラソンランナーの心境に近いものがあるだろう。ようするに名誉といってもよいかもしれない。学歴社会、職歴社会をまっしぐらにひた走ってきた企業人の人生の足跡は名誉によって支えられているのかもしれない。

かつての村社会のような、年輪を積み重ねてきた高齢者の知恵が頼りにされてきた時代とは違って、地域がその知恵に頼ることもなければ、本人が活用するといったシステムもない。今までの積み重ねは横に置かれ、第二の人生、すなわち人生のフィナーレを、そこからまた新しくスタートしなくてはならなくなり、その結果、自己実現をはかることが従来に比べ難しくなってきているのではないか。

シュタイナー教育で有名なドイツのルドルフ・シュタイナーは、お年寄りが生き生きと暮らしていくために何よりも大切なものは、自分でなければできない何かを持つことといっている。そして、それは幼児とつき合うことが最も良い機会となるということを語っている。現代は、不幸にも子どもと高齢者は離れ離れになっており、人間関係としての距離は遠い。しかも、高齢者が子育てに関与すると、「おじいちゃん子、おばあちゃん子は甘やかされる」とマイナスイメージも固まってしまった。

多世代交流に関して、さまざまな意味においての「人間関係」の喪失は、コミュニケーションの断絶となり、文化や知恵の継承の問題に加え、自己実現を果たす生き方の実現の問題へもつながっていくであろう。

●コミュニケーションと「世間」の喪失

さて、次に「世間」に焦点を当てて、コミュニケーションの問題に触れたい。

交際の範囲が狭い、肩身が狭いことを「世間が狭い」といったり、世の中のことを良く知っていることを「世間が広い」という。「世間」という言葉はかなり広く、便利に使用されるが、仏教用語では「人間が群れ、集まって生活する煩悩の世界」といったような解釈のされ方もあるが、一般には世の中や、社会のことをいい表す。しかし、ここで取り上げる「世間」は、地域が限定されたものであり、人と人との結びつきを表したものとしてとらえていきたい。

近年はマンションやアパートメントなどの集合住宅で暮らしを営んでいる人々はかなり多いが、ワンフロアー違っただけで、どのような人たちが住んでいるのかわからないとよくいわれている。こうした状況も世間がなくなっているととらえられるわけだが、ようするに向こう三軒両隣のようなニュアンスがここでいう世間に近い。

かつては、子どもたちの周りには世間があった。道端で子どもがうずくまって泣いていれば、道行く大人たちはどこの子が泣いているのかわかっていたし、お年寄りが散歩をしていれば、軽く会釈を交わしてどこのお年寄りであるのかの確認はできた。最近は子どもたちが、簡単に連れ去られてしまう事件が相次ぐが、それは世間の崩壊と共に、地域が持つ危険回避の機能が低下したことも起因しているのではないか。

また、以前は見ず知らずの子どもに対しても、大人たちはしつけを怠らなかった。ゴミを捨てる子どもに注意をしたり、弱い者いじめしているガキ大将を叱ることも少なくなかった。地域コミュニティにとって、世間という装置は人々のコミュニケーションを作り上げるための鎹《かすがい》の役目を果たしていると共に、地域コミュニティが円滑に保たれるためのセキュリティ効果があったのではないか。そして世間がないということは、子育てのサポーターが地域にいないということでもある。

私たちが子どもの時は、子どもは子どもだけで勝手に遊んでいた。子どもが「○○ちゃん、遊ぼう」と誘いにいくと、出てきてくれたり、「後でね」と断られたり。子どもが自分で交渉して遊び仲間を募ってどこかの空間で遊んでいる。親からは「暗くなったら帰っていらっしゃいよ」というメッセージが出ているだけであった。ところが今は違う。親は子どもだけで勝手に遊ばせることが不安で、お母さんがアポイントメントをとって遊びにいかせる。最近では幼稚園へはバス登園が盛んなため、子ども同士がいったん帰宅すると遠距離関係となってしまう。どんなに子ども同士が仲が良くても、住まいの距離が遠ければ、遊び関係も自ずと遠ざかる。また、子ども同士は仲良しでも、お母さん同士が気が合わないということで、子ども同士の友人関係が縁遠くなってしまうこともよくある話だ。

世間に構成要件があるとすれば、省くことができないのが子どもと高齢者の存在であろう。労働者と非労働者、生産者と非生産者といったような構成員によってコミュニティは形成されているが、常に、前者が後者によってサンドイッチされている状態でなければ、あるべき世間とはいえないであろう。いい方を変えれば余暇を中心に生活を営んでいる子どもと高齢者が、現役世代をはさみ込んでいる姿が必要であると考えられる。ゆったりとした生活リズムを営んでいる人々が地域にいないと、すなわち、本来あるべき姿の子どもと高齢者が存在しないと世間はないも同然といってもよいだろう。

その証拠に、多摩ニュータウンを始めとする、数々のかつてのニュータウンが、あまりにも特定年齢の集団によってコミュニティが形成されていたため、数十年もたつと一挙に高齢者の街と化してしまう。商店街がさびれ、小学校が廃校となり、町内会も存続が危ぶまれるといったように、いとも簡単に世間が崩壊してしまうことになる。

沖縄には「ファーカンダ」という方言がある。「孫」と「祖父（母）」をセットでとらえる呼称があ

デイサービスセンターでゲームで楽しむお年寄りたち。次から次へとおもちゃのポテトを引くと，誰かのときに爆発する。ハラハラ・ドキドキは，たまにはお年寄りにも必要な栄養素だ。

る。これは、親子、兄弟という密接な人間関係を表すものと同様、子どもとお年寄りの密接度の重要性を唱えているものと考えられる。かつての沖縄のお年寄りたちは孫を連れ立って散歩に出る際に、出会った地域の方々に「きょうは暑いですね」「雨が続きますね」といった何気ない挨拶と同じレベルで、地域での孫の育成をお願いしていたという。出会った方から「お孫さんですか」と聞かれれば、「そうです。皆さんで温かく見守ってあげてくださいね」と応えていたらしい。多世代交流を強調したい今日からみると、なおさら素晴らしい地域での慣習であることを感じる。

二一世紀にむけて増え続けるお年寄

りたち。街から姿が消えつつある子どもたち。両者の生活がイキイキ、ワクワクできるものであるために、「ファーカンダ」の精神を学びつつ、地域での知恵比べが始まらなければならない。

●自然と仲良く付き合えない

平成一二年四月に介護保険制度がスタートし、日本の福祉制度はドラスティックな変化を強いられている。現在、寝たきりや痴呆の高齢者は一五〇万人いるといわれ、身の回りのことが自分でできない虚弱な高齢者一三〇万人をあわせると、合計二八〇万人の要介護者がいる。

長寿大国である日本では、長生きをすることは当然であり、長寿の結果、痴呆や寝たきりになる確率もきわめて高くなる。介護をされる、するといった問題は、いまや他人事ではなく自分の問題としてとらえていかなくてはならず、その産物としてでき上がった制度が介護保険であるといえよう。

しかし、こうした法律や制度の整備のみによって、人生のフィナーレを送る高齢者たちが、潤いのある暮らしや自己実現を果たせる人生を送れるわけでないのは当然のことである。介護保険のようなシステムの上に、どのような生活文化を形成していくのかが同時に問われなくてはならない。

生活文化を高めるために私たちは今までどのようなものを暮らしに求め、大切にしてきたのだろうか。従来、高齢者福祉施設の三大介護は「摂食」「入浴」「排泄」といわれ、人間が最低限生きていくための必要不可欠の問題としてとらえられていたが、近年、衣食住の文化や芸術文化、遊び文化なども上積みした生活文化としてとらえていく考え方が常識となりつつある。

二四時間同じ服装をさせている施設はいまや非常識であり、居室も個室化の流れが急速に進み、食事も温かいものを陶器で召し上がってもらうなど、現場サイドの努力によりさまざま改善がはかられ始めている。しかしながら、まだ、自然との調和を求めた居住といった視点が取り残されている。

都市の居住環境でも、自然との連動をどのようにはかっていくのかは、いまや必須アイテムである。機能性・合理性を求めた今日までの住宅地開発で、空間のゆとりや緑の計画はかなり軽視されてきた。自然を壊して成り立っている都市での住まいでありながら自然を取り込み、定住志向、環境を重視する傾向が強まってきていることは皮肉なことではある。人間が、人間らしく暮らすための安住の地を目指すためには自然に大きく寄りかからねばならないのであろう。

また、自然豊かな環境下で暮らす子どもが、必ずしも自然豊かな遊びを展開しているとは限らない。農山村においても、都市部の子どもと遊びは変わらず、自宅でテレビゲームに長時間興じているのが実情だ。かつての子どもは、自然物をおもちゃ化する力がみなぎっており、遊びのステージに変えた海や川で、石や貝殻を使って終日遊べたし、野山を駆け巡って、草木や昆虫、野鳥などを相手に一喜一憂してきたものだ。子どもの遊びには、自然抜きには語れない、自然との見事な調和が見られたのである。

生態学の研究者である栗原康さんは『エコロジーとテクノロジー』（岩波書店）の中で「『調和』という言葉には、たとえ感覚的であるにせよ、無常の安らぎと安心を覚える。これは、自然における生命の存在様式が調和を具現したものであり、人間もまた自然から派生したという事実によるのであろう」と、自然あっての人間といった存在性を強調している。

さらに「自然の一極面だけを見ると、動物は自然の束縛を離れて自由に振る舞い能動的に生きているように見えるが、大局的に眺めれば、個々の動物はしょせん、自然の偉大なシナリオによって動かされている群集のひとつに過ぎない。人間もまたほかの生物と異質のはずはない。もし本当に人間だけが特別な存在であるならば、自然のシナリオは間違ったことになり、その設計図は狂ってしまう。そうなれば自然は滅び、人間も滅びてしまうだろう」と続け、人間もまた自然の中にきちんと組み込まれた生命体であるが故に、自然との調和の取れた付き合い方に深い認識を持つことが大切であると、いっている。

本来日本人は、自然との文化協同を見事に作り上げ、そうした自然との営みから生まれた生活文化を大切にしてきた。『冴返る音の霰の十粒ほど』と子規が詠えば、私たちは早春を感じる。「しいらぎばんば　ねこばんば　ねーこが出たから　帰ろ」と昔の子どもたちが遊び歌を唱えれば、家路を急ぐ子どもたちの姿とともに、北国の冬の訪れを告げる風物詩として、「しいらぎばんば」（綿虫）を感じる。老いも若きも生活の軸に自然があり、自然と向き合う生活を大切にしてきたのである。

そのお手本として、わが国の先住民族であるアイヌの自然に寄せるエコロジー観も見逃すことができない。アイヌ社会では、自然界の植物や動物は人間の役に立つように贈られた神様からの最高のプレゼントであり、それ故にこそ自然界に対する畏敬の念をもっていたのである。

長年アイヌ研究を続けてこられた福岡イト子さんがまとめた『アイヌ植物誌』（草風館）によると、

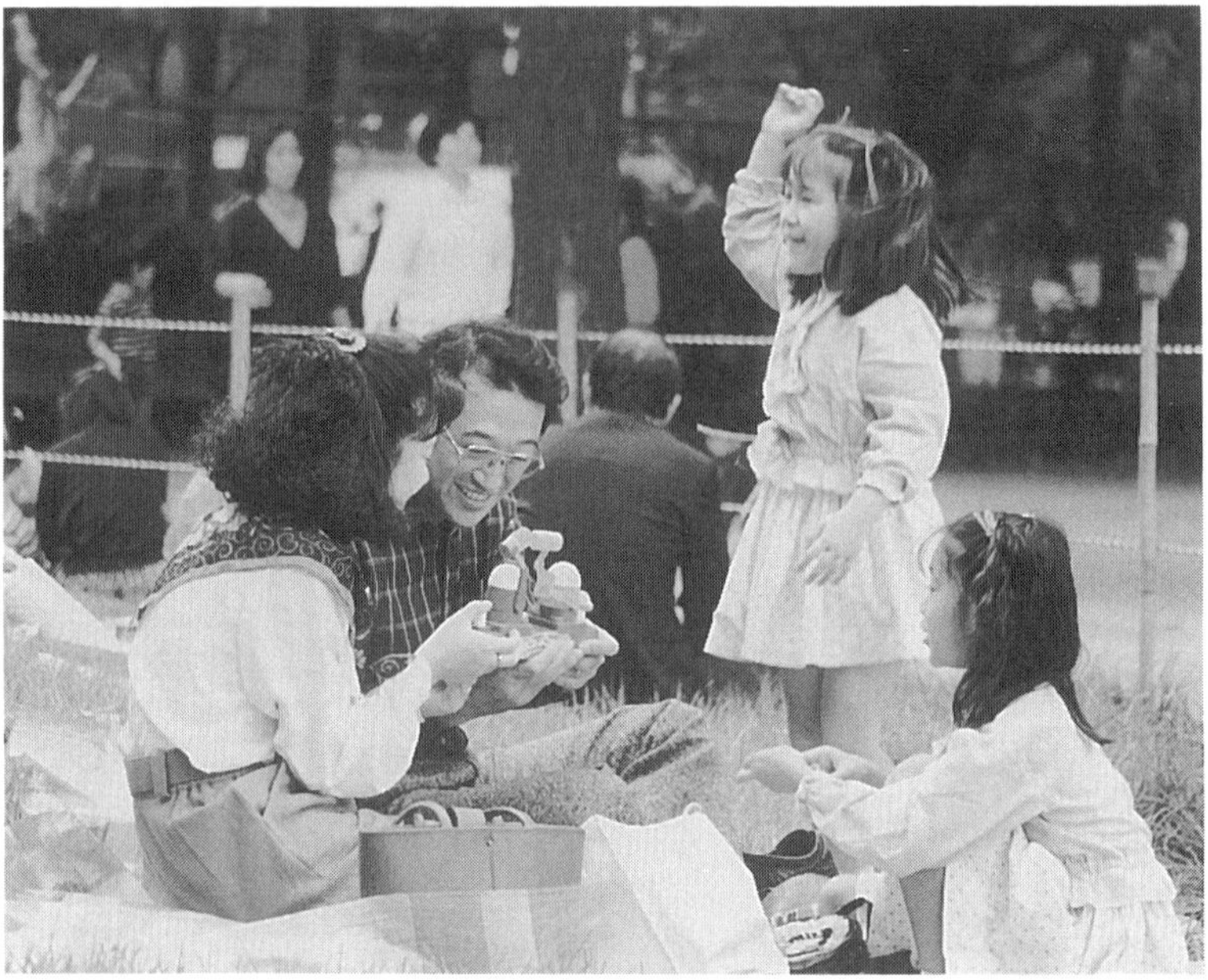

核家族が主流の中，家族そのもののコミュニケーションの豊かさも問われる。親子，夫婦，そして家族全員の「遊び文化度」は家庭の質を表すリトマス紙かもしれない。

「文字は持たないが寒冷な北国の自然とうまく調和しながら、独自の誇り高い文化を生んだ」民族であるとアイヌを評している。

さらに、「『アイヌ』とは『人間』を意味する自称詞であり、英語の『ｍａｎ』と同義」で「彼らは常に『アイヌ　ネノ　アン　アイヌ（人間らしくある人間）』を目指し、どうすれば人間らしく生きられるのかと、絶えず自分に問いつづけながら生きた」と述べている。まさにこれこそが人間福祉である。こんなにも雄大な哲学が生まれたのは、やはり自然との共生があったからにほかならず、自然への畏敬の念を長年熟成し続けてきたからに違いない。

ヒューマンウェルフェアーを謳うわが国の福祉は、どれだけ自然との調和をはかり、自然との共生を目指してきたのだろうか。

第2章　世代間交流の形をデザインする

●女子高生のエンドレス・ボランティア

今まで、「時空」「人間関係」「世間」「自然」といった四つのキーワードを切り口に子どもと高齢者のコミュニケーションの喪失に光を当ててきた。歴史的にも、文化的にも子どもと高齢者は密接な、そして豊かなパートナーとして付き合っていかなければならないことは強くいわれ続けているが、四つの視点から見て両者には共通のコミュニケーション欠損症が内在していることをまずは述べておきたかった。そして現代において、この子どもと高齢者が、スムーズに機能していない多世代社会と、限られた機能の弱体化したコミュニティの中で、どのようなコミュニケーションの有様が考えられ、いかなる世代間交流の可能性がつきとめられるのかを具体的に探っていきたい。

通常、地域社会は「特定年齢集団」と「特定事情集団」をつくり上げている。七歳から一二歳までは小学校に通学し、一九歳から二二歳の集団は大学で、六〇歳を超えれば老人クラブの入会も勧められる。見事なほどの特定の年齢の集まりが形成されているわけである。また、介護認定が重ければ特別養護老人ホームに入所するし、知的ハンディキャップがあれば養護学校か、特殊学級に通う。視覚が不自由であれば盲学校で聴覚が不自由であれば聾学校となる。心に病が生じれば、精神病院に入院する人も少なくない。特定の事情による集団も全国津々浦々見受けられる。

こうした特定の年齢と事情の集団性はかなり強固で、融通がきかない仕組みになっていることもうかがえる。だから、特定の事情の種別が少しでも違うとその連携や交流がはかられることは少ない。これは年齢層の種別の差異にも同様なことが感じられる。地域に障害児施設や老人ホームがあっても、地元の住民は、よほどの用がない限り訪れることはない。また、以前、北欧の大学を視察したとき、あるゼミナールの学生の平均年齢が、三八歳であると聞いたことがあった。もちろん高卒で入学してくる学生は多いが、あらゆる職業の社会人やリタイア組の入学も常識のようだ。日本の大学のほとんどの学生が高校の新卒か一浪で、しかも平均年齢が二一歳前後であると思われるが、それと比べて、なんと幅の広い年齢層で、しかも多様な経歴の持ち主が大学に所属しているものかと驚いた。

テレビのドキュメンタリー番組で聾唖者の兄妹の生活を描いたものを観た際に、聾学校に通う小学校三年生の兄と、地元の普通学級に通う一年生の妹の両者のアクティビティの差に愕然としたことがあった。遠方の祖父母の家を訪ねる際に、最寄の駅で目的地までの切符の買い方を人に尋ねながら何

千葉県市原市のケアハウス日夕苑（軽費老人ホーム）の入居者も参加してボランティアと一緒に鳥の巣箱作りに取り組む。大工仕事や自然に詳しいお年寄りも多く，身を乗り出して参加する方は多い。近い将来，老人ホームの中庭に，ビオトープができ上がるのも楽しみだ。

とか購入している幼い妹と、柱の影でもじもじしている兄とが映し出されていた。耳が聞こえないながらも、健常の級友や教師と渡り合っていかなくてはならない妹の人間対応能力が見事に表れてしまっていた。単たる一例に過ぎないかもしれないが、このときほど、特定の事情の者のみが集まり、それが長期化することの功罪を感じたことはなかった。

今日のように、人間関係の希薄さが叫ばれているからこそ、さまざまな人間と人間がもみ合い、もまれ合うということで、人間にとっての生活力、交渉力、ひいては生きる力を生み出す源泉になっているのではないかということを、改めてとらえ直すことになった。

次に、体験に基づいた事例を織り交ぜながら、人間と人間が係わり合うということ、特に世代間のかかわりの有意義さを検証してみたいと思う。

熊本市に、世代間交流を積極的に進めている老人ホームがある。ある日、二人の女子高生が老人ホームを訪ねてくる。彼女らは、三回連続してコンビニエンスストアの前で、タバコを吸っているところを教師に見つかり退学になった。施設長は二人に老人ホームでボランティアをしないかということを提案するが、その内容が非常にユニークだ。入居中のおばあちゃんたちの両手、両足にマニキュアを塗ってほしいという申し出であった。どこの民族だかわからないほど厚化粧していた彼女たちにとっては、お化粧は得意技だ。

入居者四七名へのマニキュア塗りは丸々一週間かかり、若い二人は大きな満足感と達成感を味わうことになる。ところが、あるおばあちゃんが「はげたから、また塗ってほしい」とやってくる。一週間前に塗ってあげたおばあちゃんだ。彼女たちは、このボランティア活動が「エンドレス」で続くということに初めて気づいた。結局、彼女らは三四〇日間、無遅刻・無欠席で老人ホームのおばあちゃんたちを訪ね続けた。三日間連続で高校に行ったことのない彼女たちがである。

お年寄りの彼女たちに対する眼差しが、ボランティアをこんなにも長期化させた要因でもある。真っ白に髪を染めた少女たちにおばあちゃんたちは「あの子たちは人生、苦労しすぎているのではないか。白髪が多すぎる」と心配し、だらしなく地べたに座り込む姿を見れば「疲れているのではないか。三度三度ご飯を食べているのか」と寮母に語っていたという。いつも高校で、そのだらしなさと身だしなみに対し、罵倒され続け、頭を小突かれ続けていた彼女たちに対して、老人ホームのお年寄りたちの自分たちに対するあまりにもこっけいな勘違いが、逆に心にしみたのであろうか。

その後、彼女たちは福祉系の専門学校に進もうと思ったというが、人生の道標をサポートすべき学校教育が見離し、老人ホームが貢献したというこの出来事は何を物語っているのだろうか。いくつかポイントを絞って考えてみたい。

第一に、今回の女子高生のように、思春期を迎えた、よくいう難しい年頃の少女を含め、一般的な高校生たちが今の学校生活で、どれほどの自己実現を果たしているのだろうか。自分自身で実感が持てる「出番」が学校生活で保たれているのだろうか。マニキュア塗りにやりがいを感じた女子高生は、少なくとも「私の出番だ！」と感じ、自分の得意技で勝負できたということが大きかったのではないかと思う。

第二に、第三者からきちんとした評価を受けたということとともに、頼りにされたことは彼女たちの心に響くものとなったに違いない。私も、ごく普通の大学で教えた経験があるが、きちんと評価し誉めてあげると、こちらが戸惑うほどの感激を表す学生が多い。今まで、中学校、高校等で、「誉められたことがなかった」と漏らす学生たちは、クラスでヒロインになることは皆無に近く、逆に怒られ、罵倒されることを思い切り経験している者が少なくない。

出番が確保され、頼りにされ、そして想ってくれる、こういったことが実感できたときのティーンエージャーたちは頼もしく成長していくことができるのではないか。

●子どもの背中を流すお年寄りたち

愛知県のある老人ホームを訪れたとき、正面玄関から何人かの小学生が靴を持って中庭に消えていく光景を目撃したことがあった。「お孫さんがこんなにも遊びにくるのですか」と施設長に尋ねたところ「孫なんか来るわけないじゃないですか。近所の子どもたちですよ」と返答され驚かされた。中庭に丸太材やロープを組み合わせて作ったフィールドアスレチックがあり、子どもたちが汗をいっぱいかきながら、一生懸命遊んでいたのである。老人ホームに子どもの遊び場があるのも、めずらしいことである。ポカポカと日の当たる縁側では、数人のお年寄りが、何やら話をしながら、子どもたちの動きを目で追っていた。

施設長と話をしていた私の近くに、子どもたちがゾロゾロと近づいてきて、その中の一人が「おじさん、紙ちょうだいよ」と施設長に話しかけてきた。「どうしたの?」と聞き返すと、「トイレのほうからおばあちゃんが紙くれえ、紙くれえと叫んでいる」ということである。こういったエピソードには事欠かないホームのようである。フィールドアスレチックで遊び疲れて帰り始めた子どもたちを見ると、皆、頭が汗でびしょびしょに濡れている。「汗一杯かいた子どもたちを老人ホームで見かけることができるとは」と感動したものである。ところが、それは汗ではなかった。子どもたちは、遊び

地域の子どもたちと，針金やペットボトルを利用して小鳥の餌台作りに取り組むケアハウスの入居者たち。から付きの落花生を針金の輪に詰め込んだり，ペットボトルに十字に割り箸を通すと，小鳥がたくさん集う「装置」のでき上がり。毎日，律儀にやってくる「お客様」が楽しみだ。

の常連になっていて、図々しい子どもになると、ひと風呂浴びて帰る子どももいるそうである。私は信じられなくてお風呂をのぞきにいったら、総桧のぜいたくなお風呂に、お年寄りと子どもが一緒に入っていたのである。そして、もっと信じられない光景が私の目の前に現れた。お年寄りが子どもの背中を流していたのである。

施設長に向かって「これ、逆じゃないですか！」と尋ねたら、これで良いんだという。子どもがお年寄りの背中を流せば、会話は生まれないが、お年寄りが流せばポツリ、ポツリと会話が生まれ出すという。確かにそうだろう。大人であれば、質問したり、話題を持ち出すことができるが、小学校一年生がお年寄りに向かって「おじいちゃん、人生色々あったんでしょうね」などと気の利いたことをいえるわけがない。どちらが流す側になるかによって子どもとお年寄りのコミュニケーションは変わる。老人ホームではなかなか見られない光景であったので強い印象として残っている。

現在は、この小高い山に、福祉系の専門学校や幼稚園も隣接され、子どもたちや学生が行き交うユニークなエリアになっているようである。

最近は、老人ホームと保育所の複合型施設が増え始めた。一階が保育所で二階が老人ホームといったように一つ屋根の下で一緒に生活をするわけである。各地の幼稚園なども、お年寄りを園に招いたり、老人ホームに出かけていったりとさまざまな交流を持とうと試みているようである。品川区のある保育園では、園舎の続きの建物で「ふれあいデイサービス」活動が始まった。昭和三〇年、四〇年代は「ポストの数ほど保育園を」といったスローガンもあったが、今は事情が大きく違う。老人ホームやデイサービスセンターのような要介護施設や、自立した高齢者のたまり場的なサロンや、生きがいデイサービスセンターのような高齢者福祉施設を増やすことの方が急務となっている。

空き教室が目立ち始めた品川区の保育園で高齢者福祉サービスをすることになった理由もそこにある。そこでは、今ささやかな世代間交流が始まりつつある。「ふれあいデイサービス」のスペースが、二〜三歳児の心の癒しスペースとなっているという話は大変興味深かった。このくらいの年頃の子どもたちは、ちょっとした気持ちの変化で、しゅんとしたり、時には登園を渋ることにもなる。

気持ちが沈んだ女の子が、あるとき、日向ぼっこをしていたおばあちゃんの横で何もいわずに五分ほど座って、気が済んだのか静かに立ち去っていったということだ。保育士であれば、気になる子どもには職業的にすかさず声をかけてしまいがちであるが、おばあちゃんたちは、何もいわずに微笑みだけを送るだけである。二〜三歳といえども子どもにも、何もいわれずに黙って見守ってもらいたいときもあるのではないか、そう園長は語ってくれた。

日本がこれから歩む超高齢社会の問題は、子どもの問題と抱き合わせて考えていかなくてはならないと思われる。出生率の低下は年金や税制、経済の分野でも抜き差しならない問題となるだろうが、それにもまして、子どもが減るということは、何かもの悲しいものである。とくにお年寄りは元気が出てこなくなるのではないだろうか。日常生活の中で、子どもがいない、来ないといっただけでがっかりすることも多いのである。これは現役の社会人よりもお年寄りの方が敏感に感じるのではないだろうか。過疎地域の村に行っても、村から子どもがいなくなることを一番悲しむのは、いつもお年寄りたちである。

「遊びをせんとや生《う》まれけむ、戯《たわぶ》れせんとや生《む》まれけん、遊ぶ子供の声聞けば、我が身さへこそ動《ゆる》がるれ」の歌は、大人たちが理屈ぬきで子どもの存在を必要としてきたことを物語るのではないかと強く感じるのである。

●アートの力で世代間交流

「心の病を持っている人が誰で、引率してきた職員の方がどなただったかわかりませんでした」とスタッフから感想が漏れた。

これは、平成一一年の秋に、「おもちゃフェスティバル」を愛媛県の八幡浜市で開催した時のことだ。現地主催団体の精神病院の「くじら病院」の職員が患者さんたちを一〇人ほど連れてこられたのである。イベントの開催協力をした、私どもおもちゃ美術館のスタッフが述べた感想は大いに笑わせてくれた。人間が遊んでいる最中は、心の病がある姿とない姿にあまり差異がないのかもしれない。八幡浜市との交流のきっかけは、巨大な風車の石造物が一九九六年に登場したことにさかのぼる。世界でも類を見ない石の風車が海風を受けて勢いよく回り続けているもので、大きいものでは高さ三メートル、羽の重さは重いもので三トンほどある。この巨大石造物が、海風を受け本当に回るのである。（次頁写真参照）

ことの始まりは、四年前におもちゃ美術館にいらっしゃった彫刻家の門脇おさむさんに、江戸時代の風車に無病息災を表すものがあるとお話ししたことにある。その時、門脇さんはくじら病院の中庭に、モニュメントとして石の風車の発注を受けていたのだ。「病院にふさわしい風車のデザインができないか」考えあぐねていらっしゃったようだ。

私がお伝えしたのは、江戸時代に今の愛知県小坂井町の神社で売られていた伝承玩具の風車である。六枚羽の一枚一枚に米俵のデザインが施されており、「六」「俵」を「む」「ひょう」と音読みし「むびょう（無病）」と語呂合わせしたものである。

心の病、摂食障害、痴呆症の方々をケアするくじら病院の院長の上村伸一郎さんがこれに共鳴し、庭のモニュメントのデザインにこの風車を採用することになったのである。「メンタルな栄養補給を

愛媛県八幡浜市の真網代くじらリハビリテーション病院は宇和海に面するリゾートホテルのような環境だ。そびえ立つ巨大石造物群は風を受けて見事に回る石の風車。平成13年には，おもちゃ美術館もでき，市民の憩いの場になることを目指している。

必要としている方々には、医療設備と同じレベルで遊び心あふれる演出が必要」ということらしい。

この石の風車はテレビの天気予報の背景の画像として流れたり、観光雑誌にも紹介され、各地からマイカーで訪れる観光客も少なくない。病院の正面には海岸線も広がっているため、リゾート施設のようなロケーションを感じさせる。かつて、病院の正面玄関にベンツの乗用車が止まり、品の良い老夫婦が降りてきて、宿泊の予約を申し出てきたこともあったらしい。病院の受付をフロントと間違え、「きょう、ツインの部屋は空いてますか」と尋ねられ、受付の職員が「残念ながら満床です」と受け応えをしたという笑い話もある。

町からも、この石の風車が、本当に風で回るのか、自分の目で確かめたいと見学にいらっしゃる方々も多いと聞く。用がない限り、およそ来ることのなかった町民がくじら病院に足を運ぶようになってきたことは嬉しいことである。

また、そういった事情の患者が集まる病院は、とかく地域においても孤立化しやすいものだ。病院側の「子どもからお年寄りまでが集うエリアにしたい」といった気持ちをさらに反映し、おもちゃ美術館を院内に設置した。世界一二ヵ国のおもちゃ一二〇点を常備し、乳幼児の成長・発達を促すおもちゃや、お年寄りの手の運動を促すおもちゃなど、特徴をもった道具が勢揃いしている。隣町から、バスをチャーターして、保健婦の引率のもと、乳児を連れた親子二〇組もやってきた。母親講座の一環としてくじら病院に訪れてくれたのである。今後、お母さんが赤ちゃんを抱っこしてやってくるような施設を目指していきたい。巨大な石の風車が、勢いよくまわる様は、おもちゃ美術館のシンボル

巣箱に自分の名前を記し，表札作りをするケアハウスの入居者たち。自分の巣箱が特定されると，巣箱にやって来る野鳥も気になる。単調な生活が続きがちな施設において，生活の中に気になる楽しみが生まれることも大切なことだ。

にふさわしく思える。

子どもの未来はいつの時代も輝いていなくてはならない。そのためには地域のなかに子どもを育む力が必要となってくる。かつては当たり前のようにあったこの地域の教育力が、今日は地域の大人たちが努力をしなくてはならない世の中になってきた。地域のさまざまな専門家や経済人など、その能力をもち合わせている大人たちは、「子育ち」のアメニティを豊かにする知恵くらべの時代であることに気づいてほしい。

一九八八年、当時日本女子大学教授であった一番ヶ瀬康子さんを中心とするグループと芸術教育研究所が共同呼びかけ人になって、「日本福祉文化学会」を設立したときに唱えられたビジョンが「福祉を拓き、文化を創る」ということだった。当時、私は福祉における芸術文化の可能性を強調し、「福祉文化」創造の切り口として、子どもであろうがお年寄りであろうが、ハンディキャップがあろうがなかろうが、芸術活動は必須であり、自己実現を果たして、人間が人間として生きていくためには大切な栄養素であることとして考えていた。

一三年程前に私が、老人ホームを訪ねたとき、その施設の理事長が質問をしてきた。「老人ホームにおける三大介護を知っているか」という問いに対し、福祉に疎かったこともあり答えられなかった。三大介護とは「摂食」「排泄」「入浴」だと説明されてびっくりした。あまりに非人間的な言葉であることと、暮らしのにおいが感じられなかったからだ。この理事長が、自宅に帰っても妻から「あなた、摂食中に新聞を読まないで下さい」といわれているとは、到底思えない。しかし、施設にくると言語が変わる。住民票を移してまでやってきているお年寄りにとっては老人ホームは生活そのものであり、暮らしの場でもある。そうした住空間の中で、非人間的な用語が横行している。さらに人間の生活とは三大介護だけでよいのか、という点だ。遊びや芸術に対する感性があまりにもおざなりにされているのではないかと思ったのである。

せめて六大介護といった考え方があっても良いだろう。「食事」「トイレ」「風呂」に続き、四つ目に「芸術文化溢れる暮らし」、五つ目に「遊び豊かなライフスタイル」、六つ目に「自然との触れ合いある人生」といったよう視点を求めたい。特に福祉、医療と「芸術」の結合は強調したいところだ。

琉球時代から続く自然物玩具を子どもたちに教えるお年寄り。沖縄に生息するアダンの葉でカジマヤー（風車）をつくる。かつての子どもたちは誰でもつくれたが，現代っ子は手つくりおもちゃ教室が必要だ。シニア世代も多数参加するNPO法人沖縄児童文化福祉協会の世代間交流に伝承玩具はもってこいだ。

老人ホームへの入所であろうが、病院での入院であろうが、人が一時でも生活を営む期間に芸術文化は寄り添っていけるような環境が大切だ。

医療期間が生命を預かるところであれば、福祉施設、特に高齢者福祉施設は人生を預かるところである。人間の日々の営みの質を何を持って決めるかというと、感性の豊かさが物差しになるものと思われる。「感じる力」と「表現する力」の結晶を感性と見ると、その結晶に磨きをかけるのが芸術であり自然なのかもしれない。

元毎日新聞社の記者で、高齢者福祉の現場にも深く精通している安田陸男さんは、痴呆症のお年寄りとお付き合いしていると、いつも「詩人だなあ」と思うといっている。安田さんが施設で介護のお世話をした八二歳のおばあちゃんは、天気の良い日には草むしりに熱中するそうだが、彼女がある日、両手に一杯のつつじの花を持ってきて、「見てくださいよ。ツツジがこんなに苦しい苦しいと叫んでいます」といったとのことだ。気候のせいか、病気のせいか、ツツジの花びらがいずれも丸く固まっていたそうで、ツツジの苦しみを自分のものにできることに驚いていた。痴呆の有無にかかわらず、豊かな感性はいつまでも人生ある限り継続するものであることを再認識させられた思いだ。

八幡浜のくじら病院のように、アートが人を動かし、町に揺さぶりをかける力があることを思い知った。芸術は人間が生きていく上で歯車をまわし、滑らかにしていく潤滑油のようなものだ。自然も人間がしなやかに生を営むために必要不可欠なものとなろう。多世代社会の人々の係わり合いの中で芸術と自然は大切な栄養素となるものである。自然も含め、芸術が如何に人をつなぎ、地域を紡ぐものであるのか、今日のような人間関係が希薄になりがちな少子高齢社会の時代だからこそ考えていきたい。

●少年は「表現」したがっている

今、少子高齢社会の中で、実は一番深刻な問題は、いわゆる「一七歳問題」だと強く感じる。新聞や、テレビの報道でも、子どもが殺されるか、子どもが大人を殺すといった、痛ましい事件が多すぎる。そういった中で、そうした一七歳の多くの少年との貴重な出会いがあった。

「僕は小さいころから人と上手に接することが苦手で、本当の自分の気持ちなどを伝えたり、表現することができませんでした。そうして、今までにさまざまな失敗を重ねてしまい、こうした少年院という場所まで来てしまいました。入院して間もないころは先が全く見えないくらいトンネルのなかに閉じ込められた気持ちで、毎日が不安と恐怖が一杯で、何もする気がしませんでした。しかし、木工科に通うことになり、今までに本当にさまざまな体験をしたり、物作りを通して、少しずつ暗い心が消えていき、今ではとても前向きになれることができました。それはきっと木がもっている不思議な力を毎日感じているからだと思います。」

平成一三年の一月に、思いもよらぬお手紙をいただいた。八王子から車で一〇分ほどにある多摩少年院の木工科に所属する院生からである。

少年院とは、家庭裁判所の審判により、保護処分として少年院送致決定を受けた一四歳以上二〇歳未満の少年を収容し、生活指導・職業補導・教科教育等を中心とした教育・訓練を行い、社会生活に適応できる健全な少年に育成することを目的とした法務省の施設である。現在、傷害、窃盗、恐喝、覚せい剤所持・使用などの罪に問われた少年一五〇人ほどが入院しており、先ほどの手紙をよこしてくれた少年のように木工加工に携わったり、情報処理、金属加工、事務など、さまざまなセクションで職業訓練を受けている。

東大阪市のひしの美東保育園は，デイサービスセンターと保育園が隣同士の合築施設。幼児とのふれ合いで，お年寄りたちの表情に笑顔が増える，枯渇しがちなコミュニケーションも生まれる。

そもそも、芸術教育研究所と多摩少年院の出会いは、木工加工の法務教官が木工加工における「木のおもちゃづくり」の可能性を相談に、おもちゃ美術館を訪ねてきたことにある。刑務所や少年院では伝統的に木工活動は盛んで、箪笥や本棚を作った「メイド・イン・刑務所」の家具の即売会が開かれていることは広く知られている。

しかしながら、近年、少年院のなかでの木工加工の教育に課題がでてきており、その大きな問題点は、少年が家具などの物作りに喜びを見出せなくなっているといったことだという。ただ単に法務教官にいわれるがままに、機械的に手を動かし物を作っていく少年たちの姿には覇気がなく、木工本来の魅力が失われつつあるようだ。そこで、「おもちゃづくり」の取り組みに何か可能性がないだろうか、といった模索が始まった。

木工科におけるおもちゃづくりの取り組みは、検事や、家庭裁判所の調査官など四〇名ほどが参加した平成一二年度の研究授業も実施している。学校教育と同じように、少年院の中にも研究授業があることには驚いたが、これはれっきとした芸術教育であり、少年院における芸術教育の可能性といった枠組みで教育研究者も考えていくべき分野になってきているのではなかろうか。

私も多摩少年院に伺ったときに三〇分ほどの特別授業をさせていただき、世界各国の第一級のおもちゃを見せながら、おもちゃのつくり手たちのメーカーマインドや、おもちゃが如何に人間と人間のコミュニケーションを豊かにするかなどといったテーマで、ワークショップ中心に試みてみた。自然豊かな院内に転がっている木の実や枝なども彼らの大切なおもちゃづくりの材料となる。自由にテーマを見つけ、好きなおもちゃをつくり上げていく。

木工室のなかで、先生方からユニークなこぼれ話も多数お聞きできた。ある少年が、神社仏閣の文様の中にでもでてきそうな素晴らしい伝統デザインを描き、糸鋸でピクチャーパズルを製作していた。教官は、あまりにも見事なデザインなので褒め称え「こんな素晴らしいデザインをどこで学んだのか」と尋ねた。少年は照れながら「すみません。私の刺青です」と。「ばかやろう。刺青で、子どものおもちゃをつくるな！」と怒られたということだ。こんなに迫力がある実践報告を、私は今まで聞いたことがない。

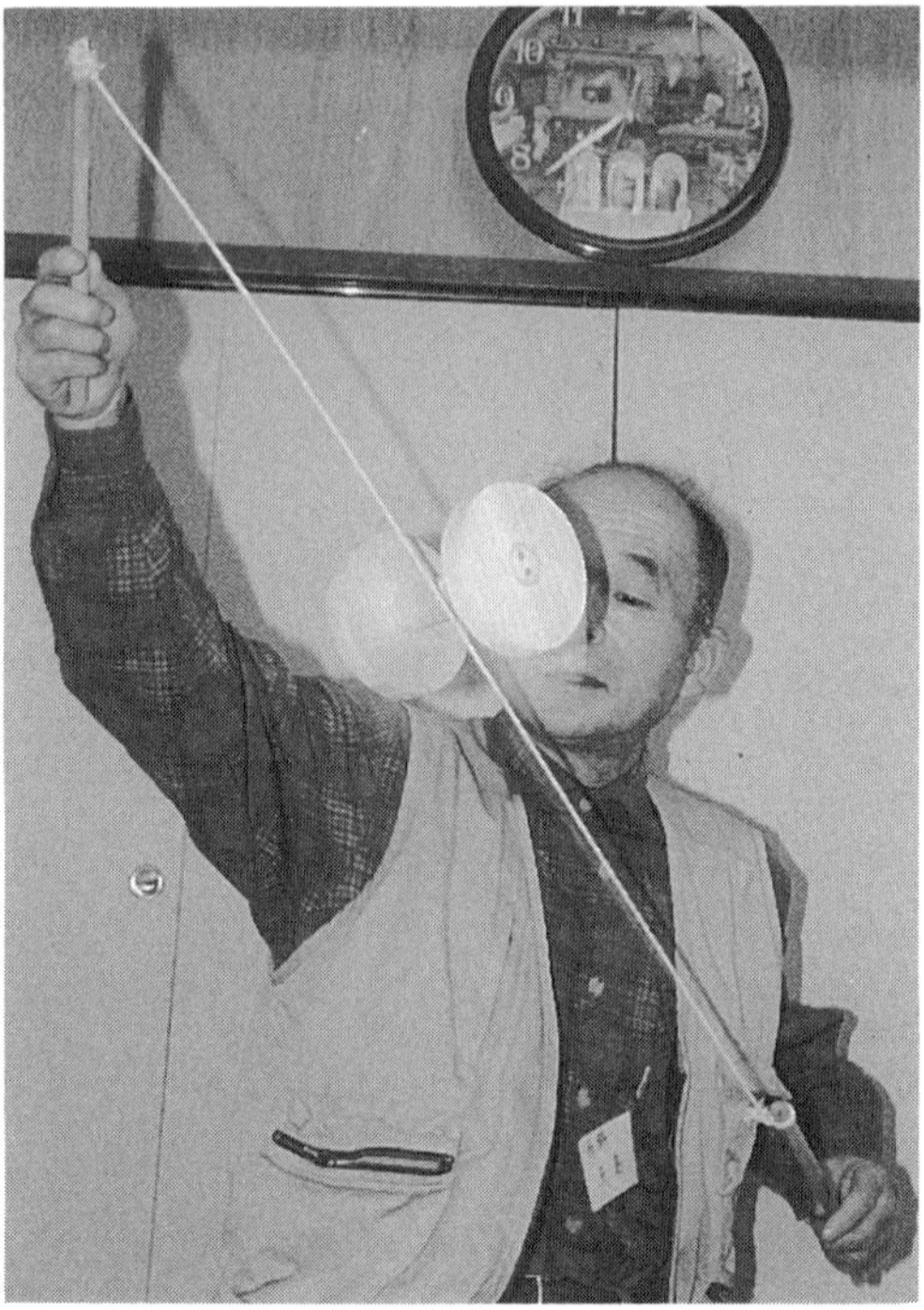

独楽回しやあやとり，姉様人形などの伝承遊びや民話，昔話等，お年寄りにはたくさんの引き出しがある。伝承文化を潤滑油にして，子どもに楽しさをプレゼントできるエンターテイメントなお年寄りがたくさん欲しい。

木工の本を一生懸命見ながら、何をつくろうか迷っている少年がいた。私が「木工室にはさまざまな素材がたくさんあるのだから、目の前にもってきて触りながら考えてみたら」とアドバイスをしたら、彼がその感想を手紙に記してくれた。「木に触れながら何をつくろうかと考えていたら、本当に本を見て考える以上のアイデアが浮かんできました。……頭のなかでいくら考えていてもいい結果はでないと思います。そんなことは当たり前のことかもしれませんが、とても大切なことだと思いました。そして、僕はそのことを忘れ、失敗を恐れた生活になってしまっていました。」

他の少年の手紙も読んで感じたこと

であるが、木工活動で体験したことや感じたことを自分の生き方にひきつけて考えることが強くなっているようにうかがえた。今まで味わったことのない閉鎖的な生活環境の中で、毎日の日誌などを通して「振り返り」をする習慣がついているので、人一倍感受性が研ぎ澄まされてくるのであろう。

授業の後、法務教官からこんなお手紙をいただいた。

「（おもちゃの特別授業）で、少年たちが目を輝かせて聞いていたことを実感として得ることができました。玩具の持つ人への効果の大きさを知り、少年の更生目的に合致させていくことに有効であると確信を持てました。玩具そのものの癒しの効果、人のつながりを促進する媒体、つくり手の思いを使い手に伝える働きなど、いずれも社会復帰を目指す少年たちには役立つものと思われます。……閉鎖的になりがちな少年院であるからこそ、外部協力者の積極的な導入をはかるべきと考えております。」

少年たちの社会復帰をこれほど真摯に受け止めて取り組んでいる姿勢には頭が下がる思いである。また、木工活動の持つ子どもへの影響力やつくることが如何に人間を育てるかといった点は、教育者がややもすると日常の教育実践の中では薄れがちなところでもある。創造活動の本来持っているパワーや木工活動に対する信頼といったような教育の原点を多摩少年院で再認識できたように思う。

第3章　子どもとお年寄りを再びつなぐ

●芸術と遊び、おもちゃ

「君、これは遊びじゃないだ！」という表現がある。不真面目な仕事や活動に向けられていわれたり、たるんだ態度に対して叱責するときに用いられる。「遊び」という言葉が誉め言葉として登場することは稀で、他にも「遊び人」といえば仕事もせずに遊んでばかりいる怠け者を指すし、「遊び半分」というといい加減な行為・行動を意味する。

「遊び」という言葉がここまで虐げられて良いのだろうか。さらに、広い意味では遊びの領域に属する「芸術」という活動も余り尊重されていない傾向がある。「音楽」や「美術」等の、感覚や体験を育てる内容が学校教育の中で重視されることはなく、芸術を追求する大学以外に、芸術性の力が学生に問われることはほとんどない。また、ひとたび芸術分野を仕事として目指した方々の苦労話は後を絶たない。

受験戦争の弊害からだろうか、小学生のときから、国語や算数は一生懸命やるけれど、図工や音楽は息抜きと思われている節がある。さらに、始末に終えないのが、子どものときの芸術教育で、芸術活動が好きになる子どもよりも嫌いになる子どものほうが多いという点だ。小学校の図画工作の授業で絵が嫌いになった、工作は面倒くさいという感覚の芽が出てきてしまう。音楽の授業でも、歌うのは恥ずかしい、楽器は笛ばかりでつまらないという傾向も生まれてしまう。

日本はかつて、戦争中には「バイオリンを演奏する」とか「油絵を楽しむ」などというと非国民とされた。戦争が終わって平和になっても、経済至上主義のさなか、やはり芸術は学校教育上も、仕事として、プロとして取り組んでいくことにも理解が深まった訳ではない。

一九五〇年代の教師や画家、音楽家などの間では、日本は、結局、戦時でも平和時でも芸術活動の文化度が高まらない、人それぞれの感性が豊かになるという方向性が、どうしても大きなうねりにならないという不安があった。こうした日本の現状をとらえ、これからの子どもたちの芸術文化の向上を実践・研究する団体として、私の父が、一九五七年に芸術教育研究所をスタートした。

時期を同じくして、画家、音楽家、小中学校の美術の教師、音楽の教師、研究者などによって、全国各地で芸術教育分野の民間団体が多数生まれた。しかし、芸術教育研究所が他の団体と違うところは、子どもの遊びやおもちゃを芸術教育の領域に当てはめて研究活動を続けたことである。

いろんな仮説を立てては幼稚園、保育園へ行って試し、実際に子どもたちにとって有益なこと、そうでないことを実験していったのである。研究活動や、研修事業なども多く手がけ、現場で役立つ専門書も次々と出版していった。

またその頃は、ＮＨＫの教育番組がスタートしたばかりの時代であり、芸術教育研究所もそのブレーンとして関わるようになった。子どもたちが物を作ることの大切さをテレビを通じて教えたい、という気持ちからはじめた番組もいくつか生まれた。

さらに家庭教育の一環として、多くの子育て番組にも関わった。これは、母親が家庭にいて、毎日子どもと向き合っていると、子育てに行きづまるが、子育てというのは辛いものではなくて、本当は楽しいものだということを教育番組を通じて伝えたかったのである。現在の子育て事情に照らし合わせても充分通じるテーマである。

その他、昔お年寄りが子どもに伝えてきた昔話や民話を、核家族の子どもたちに伝えたい、文化を継承したいという思いから、宇野重吉さんや岸田今日子さんなどにお願いして、朗読のレコードをつくったりもした。「子どもたちにとって良過ぎるものはない」という考えから、朗読の声も、本物のプロにこだわった。

一九七〇年代は、ヨーロッパに芸術教育についての勉強のためスタディツアーを度々行い、さらに、海外との国際交流にエネルギーを注ぐことになる。レベルの高い芸術教育のさまざまなメソッドや教授理念に触れ、大きなカルチャーショックを受けることになるが、おもちゃ文化の厚さや深さにも驚かされる。

ヨーロッパではおもちゃが文化の中でしめるポジションが高いのである。学校現場でも、授業にうまくおもちゃを取り入れている。イギリスの学校では、蒸気機関の学習をする時に、教室の中に蒸気で走る小さな汽車を用意し、実際に蒸気で走らせて見せるのである。汽車が走り出した時には、子どもたちが一斉に拍手をしていた。蒸気機関についての動機づけがうまく行われた、とても生き生きした授業であった。日本では、学習とおもちゃは水と油のように考えられがちであるが、このようにワクワク、ドキドキする道具の一つとしておもちゃが有効活用されているのだということが実感できた。おもちゃは本来、人々の文化や暮らしに根づいたものであるはずだ。しかし、近年、日本ではロングライフで付き合えるおもちゃ文化が貧相である。子どもからお年寄りまでが生涯を共にできる遊具が、ほとんど生まれてこない。

歴史と伝統のある囲碁・将棋は、日本では大衆ゲームであり、世代間交流ゲームと呼べるものではあるが、麻雀と同様、愛好者の数が減少していることは残念である。

日本の場合、児童文化財、その中でも特におもちゃは文化的に低く見られる傾向が強い。「たかがおもちゃ」「そんなおもちゃみたいなもの」といった思いは一般的にある。

日本で「おもちゃみたいだ」といわれたら、それは決してほめ言葉ではない。おもちゃみたいなまやかしものとか、おもちゃみたいな子どもだましとか、おもちゃとつくと蔑む言葉として使われる時が多い。古来、日本ではおもちゃはちゃちで粗末なものというニュアンスでとらえられてきた。「お玩び」（持って遊ぶ）を語源とし、玩弄といえば、なぶり者にするという意味さえある。「男のおもちゃにされた」といえば、男にもってあそばれた女性の立場を表現するが、随分失礼な使われ方である。ごく当然のようにいい古されてきたことを疑問に思い、外国で尋ねてみたことがある。

イグルーシカはロシア語でおもちゃのことだ。モスクワの女性に「私はイグルーシカにされたというか」と聞いてみたところ、「私は大切にされたという意味か」と答えられ、大変驚いた。本当の意味を教えたら、ロシア人はびっくりしていた。国によって、おもちゃを語るレベルが違うということを感じた。

世界各国のおもちゃに対する価値観と比べると、日本は決して高いとは思えない。日本のおもちゃ文化は「おもちゃみたいな壊れ物、まやかし物」で成り立ってきていると思われる。

おもちゃが歩んで生きた足跡を見るとベビーベッドに横たわる赤ちゃんにとって、人生のフィナーレを豊かに楽しく暮らすお年寄りにとって、そして人間の人生の節目節目でいかに大切なものであったかを感じさせてくれる。私たちは生涯おもちゃにお世話になる場面は多いが、その存在を軽視しすぎているだけなのである。

また、日本と違い外国では、アート感覚を持ち合わせたおもちゃに巡り合うことが多い。ドイツやデンマーク、スウェーデンのおもちゃを見ると、遊んだ後に出窓やピアノの上に飾りたくなるようなおもちゃがたくさんある。日本のおもちゃは、遊んだ後に押入れの中に片付けたくなるようなものが多いが、飾りたくなるようなおもちゃは、デザインの上でも非常に洗練されており、おもちゃだから子どもだましのようなものでよいという感覚がみじんもない。そういったことも含めて、やはりおもちゃはアートでありたいという願いがあるのである。

最近は、ままごとセットが男の子にも良く売れるという。千葉県の大手百貨店の玩具売り場で聞いた話だが、シンクやレンジなどがついている大型おもちゃがクリスマスの時期には八〇個も売れるが、そのうちの四割ほどは男の子を持つ母親が買っていく。難色を示す父親に「これからの男の子には料理も大切」と説く母親の姿も少なくないらしい。

おもちゃ業界では、昔から「女児玩具」というカテゴリーは確立していたが、最近その垣根が少しずつ崩れ始め、おもちゃの世界では徐々に性差が薄れてきている。まさにボーダーレスの時代になった。

一〇年ほど前から日本の社会の有様はカタカナ文字で語られることが多くなってきている。

誰もが普通に、当たり前に暮らせるような社会を目指すことをいう「ノーマライゼーション」。そのために取り除かなければならない障壁に対して「バリアーフリー」。障害を持っていても、いなくても、さらに、年齢に関係なく快適な生活を送れるような道具や設備などに求められる「ユニバーサルデザイン」や「エイジレス」。さまざまな言葉が、今日の社会システムや社会環境を変えていかなければならないといったメッセージなのであろう。

今まではその逆だった。教育システムでも、私たちの社会は、目が見えない子どもは盲学校、耳の聞こえない子どもは聾学校、知的ハンディキャップがある子どもは養護学校や特殊学級といったような住み分けが行われていた。

ある部分では、その子に応じた専門教育は必要だと思うが、その結果、いろいろな事情の子どもたち同士が、地域で日常的に遊ぶということが激減したわけだ。地域の子どもたちの竹馬の友にダウン症の子はいないし、肢体不自由児の子どもたちの竹馬の友に地域の子どもたちがいないということがある。それに、子どもたちの縦社会の崩壊も拍車をかけ、子どもたちの人間関係の幅と深みは貧相なものとなっている。

子どもは豊かな人間関係によって、大いにもまれ合うことが必要だ。多くのことを体や心で感じることが大切だ。それは遊びでしか有り得ないと思っている。楽しさを分かち合ったり、不自由さを味わったり、いい意味での文化摩擦をふんだんに体験してもらいたい。少子高齢社会の中で、いろいろな人とのかかわりが大切になっているからこそ、遊びを通した「人間研究」は子ども時代の必修科目だ。

●多世代交流型おもちゃの館

昭和四〇年代の高度経済成長期は、子どもの施設どころではない、大人の社会の勢いが激しい時勢だった。

そのような現状を憂いて、その当時の父親、母親は、児童公園や児童館、学童クラブが必要だと、市役所や区役所に陳情や署名活動などいろんな運動をしてきた。しかし、なかなか実現の運びになららず、ほとんどが虚しく終わることが少なくなかった。

こうして子どもたちの空間が激減していく中、地域の大人たちが行政に一生懸命働きかけても実らず、学校教育もよきサポーターになってくれそうにない。このようなことから、芸術教育研究所では陳情も必要なく、自治体に予算化してもらう必要もない、やろうと思えば翌日から誰にでもできるものということで、学校外教育活動のひとつとして「小さな小さな児童館」運動を始めた。今、思えば小規模な多世代交流館を目指していたのかもしれない。

家に将棋の好きなおじいさんがいれば将棋児童館を、ケーキづくりが好きなおばさんがいればケーキづくり児童館を、竹トンボなどの昔の伝承遊びに長けているお父さんがいれば、手づくりおもちゃ児童館を開くというように、地域で関心のある人にどんどん児童館を開いてもらおうというのが、この「小さな小さな児童館」づくりの根本であった。

しかも少人数制で、会場はなるべく自分の家で、もし自分の家の都合がつかない人は、マンションの自治会室とか公民館を借りて、お金がかからないように、そして自分の得意技でなにか子どもたちにワクワク、ドキドキするものをプレゼントしてもらう試みであった。

こういう投げかけに共鳴してくださった人たちはたくさんいて、特に子育てが始まったので保母をやめたとか、幼稚園の先生や児童福祉関係の仕事をやめてしまった人たちなどが、児童館をつくりたいと名乗り出てきた。今でいう子育てサークルに近い動きかもしれない。

「継続は力なり」を大切にすることから、負担を背負い込まないように、月一回、多くても二週間に一回くらいにして、細く長く続けていくことも運動の一つの方針とした。ひとりで毎週力一杯やるよりも、月に一回やってくれる人が四人集まれば地域で週に一回児童館が開かれるということになる。八人いれば週に二回、一五人いれば二日に一回というように、お金と時間のかからない児童文化活動をやろうとしたのである。

岩手県久慈市で始まった「おもちゃ遊び児童館」の館長に当時を振り返ってもらった。「はじめにこの活動を提案したのは保育士である私で、後に夫も積極的にプランを立てて子どもたちと遊ぶようになりました。今日は休もうかなと思っても、子どもたちにはじめよう、はじめようと励まされてしまうんです。何よりも嬉しいのは、年齢の違う子どもたちが一緒になって、縦社会の活動が生まれたことです。よく『あなたのところには緑もたくさん残っているし、自由に遊べる野原もあるでしょう。子どもを育てるのに恵まれているのじゃない』といわれますが、確かに近くに山があって川があって自然に恵まれていても、子どもたちはそこでどのように遊ぶかは知りません。また生活の時間帯は大都市の子どもと余り変わらないのです」と述べている。

また、児童館名は臨機応変にどんどん変わってしまうのも面白い。自宅の空き地に、トマト・ナスなどを栽培するし、畑の手入れの仕方を教え、水をやる時間、量など、天候に合わせて考えさせる。たちまち、児童館は「野菜作り児童館」に変わってしまう。収穫した見事なトマトの赤い色に感激した子どもたちは、誰にいわれなくても、すぐに「絵を描こうよ」という。午前中の収穫を終えて、午後には「絵画児童館」に早がわりしてしまう。

そのころは子どもを取り巻く事情がだんだん変わってきた時であった。まず一つは核家族化が本格化し、もう一つは、異年齢集団遊びが崩れてきた。このような状況の中で「小さな小さな児童館」は、いろんな家が核になってさまざまな年齢の子どもたちが集まってきて、異年齢児やお年寄りと交流することができるという、一石二鳥も三鳥も狙った活動であった。

月に一回でいい、数時間でいい、自分が無理しないでできることで子どもと共に過ごすことを、日本中の大人が真剣に考え出すと、日本中の子どもの顔はもっともっと生き生きしてくるだろう。開館者はみな「始める前はおっくうだった。でも子どもたちとの交流がこんなに楽しいものとわかると、次の集まりへの意欲が湧いてくる」と語っていた。

一九八〇年代になると、この「小さな小さな児童館」活動は「おもちゃ美術館」に発展してくる。おもちゃ美術館は、「世界のおもちゃと友だちになろう」というスローガンのもと、すばらしいおもちゃがいつでも見られる場所として開設した。またその活動のコンセプトを「おもちゃや遊びをとおして人と人がつながり合う」ということに置いている。

世界各国のおもちゃを集め始め、いつの間にか一〇〇ヵ国二〇万点以上のおもちゃが集まった。現在、世界のおもちゃ、民族玩具、郷土玩具からグリコのおまけに至るまで、さまざまなおもちゃを集蔵している。（次頁写真参照）

また、おもちゃ美術館では、おもちゃをアートとして見るだけでなく、触ってもらいたいし、いつもお店で買うだけでなく、自分たちでつくってもらいたいと考え、手づくりおもちゃ教室を始めた。

赤ちゃんからお年寄りまでがおもちゃで楽しむ多世代交流館を目指す。おもちゃの修理をするおもちゃドクターや，自然物を利用して伝承おもちゃの手づくり指導など，お年寄りの出番も多い。

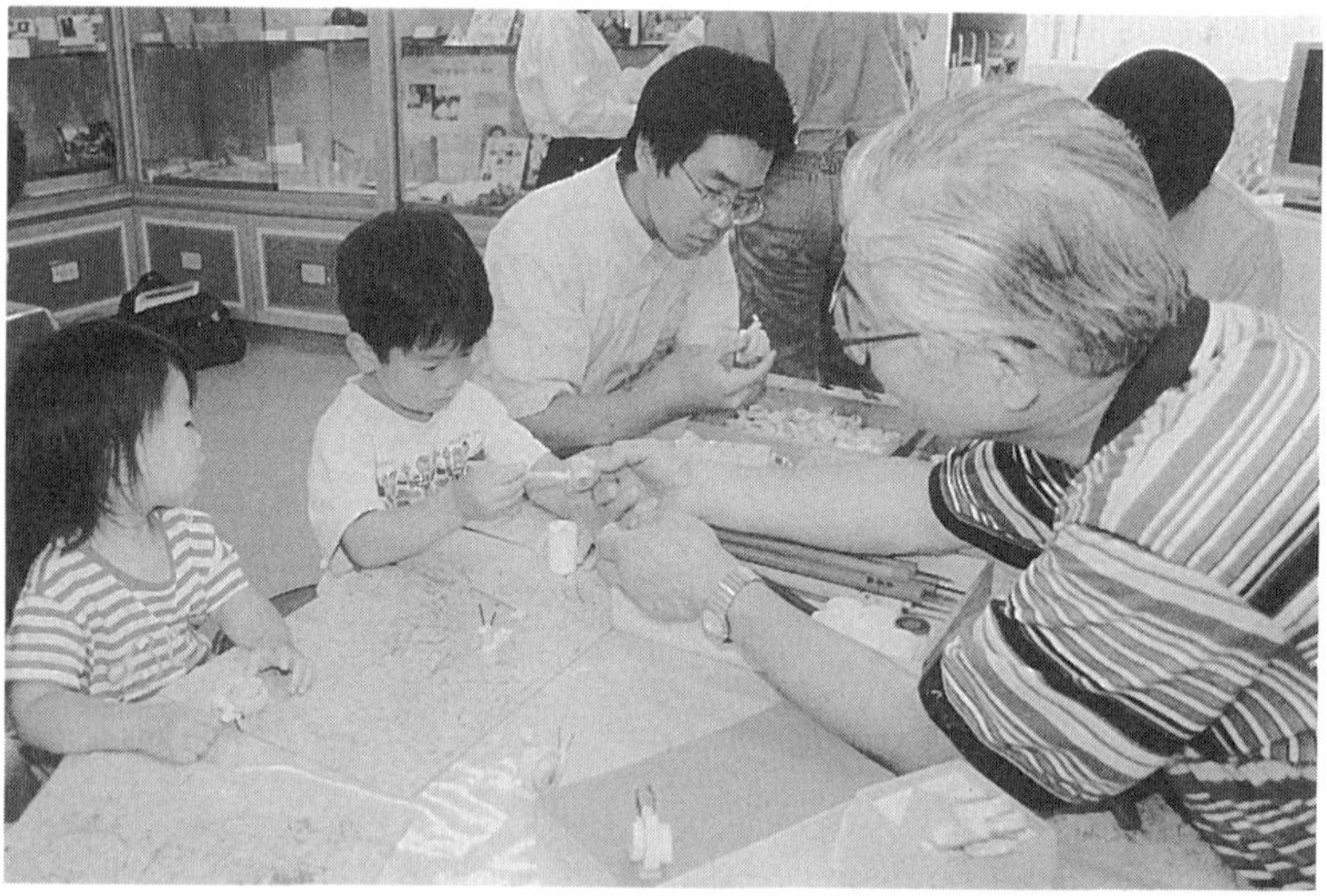

定年後におもちゃコンサルタントの資格をとられた鵜飼さん。第二の人生は子どもたちへの手づくりおもちゃの指導に奮闘中。休日に，野山や川原に出向いて，材料の調達をするのも大事な仕事。子どもたちにおもちゃをつくる楽しみを味わってもらうためには，貴重な存在だ。

また、おもちゃライブラリーや、おもちゃ病院といった機能も備え、「みる」「遊ぶ」「かりる」「つくる」の四つの機能を備えた美術館として、活動している。年に二回テーマを変えた展示も行っている。

ほとんどの親は、おもちゃは買い与えるものだと思いがちである。しかし、おもちゃの楽しみは、「買う」だけでは五〇%で、残りの五〇%は「つくる」楽しみである。今、六〇~七〇歳以上の方は、今の子どもとは違いおもちゃはつくるものだという子ども時代を過ごしている。現代の子どもはおもちゃの遊びの楽しさを半分しか享受していない。つくって遊ぶ楽しみと相まって一〇〇%の楽しみとなるのである。

おもちゃ美術館には、年間八〇〇〇人以上の来館者がある。両手に子どもの手をひいてくる親や、かばんに専門書やノートを詰めてくる学生、大小のグループを作ってにぎやかに会話を交える保母や教師、少々真面目な雰囲気でじっとおもちゃを見つめるおもちゃの販売・製造関係者など、老若男女を問わずさまざまな分野の人々が、おもちゃ美術館を目指してやってくる。

おもちゃはいつの時代も指示され、多くの子どもたちや大人たちから愛されてきた。こうした人類の文化遺産ともいえるおもちゃに対して、おもちゃ美術館は次のような見方をしている。

① おもちゃは人間の生活の幅を広げ、深めるための道具として大きな役割を持つ。
② おもちゃは健常者、障害者を問わず、また、子どもと高齢者にかかわらず、人間と人間のコミュニケーションを豊かにする生活道具として考える。
③ おもちゃは決して買うだけのものではなく、生活の中にある材料や道具を使ってつくるもので

もある。

④　昔からある伝承遊びや郷土玩具を、現代的視点に立って見直し、伝承文化の糸を断ち切らないようにする。

こうした四つの視点は、たかがおもちゃに対して大げさなのではないかという意見を持つ人も多いかもしれない。確かに、おもちゃはもっと気楽に、楽しく語るものでも良いのかもしれない。しかし、おもちゃを文化財としてとらえ、生活道具として考えた場合、おもちゃの持つ計り知れない歴史の重みを、私たちおもちゃ美術館はどうしても無視できない。

溢れるような遊び心を持って、とことんおもちゃを真面目に見ていきたい。そのような思いで包まれているのがおもちゃ美術館である。

子どもだけであろうと、家族連れであろうと、おもちゃ美術館に来る人はできるだけ一人一点はつくってもらうことにしている。はじめ物怖じしている人でも、勧められてつくっていくうちにその楽しさに夢中になっていくケースが多い。

おもちゃをつくるというのは、子どもたちにとって第一級の芸術活動でもある。色は、形はどうしようかとか、動きはどうしようかとか、これでどういう遊びがあるかとかを考えながら手を動かす。まさに総合学習だ。

親にもつくってもらうので、子どもの心配どころではなく、逆に子どもの方が「お母さん大丈夫？」などと気を配る。親が自分と同じことをするというのは、子どもにとってはすごく楽しいことである。親の滅多に見せることのない夢中な遊び姿を見ることとは、子どもは大好きだ。

また、特におもちゃ美術館では伝承玩具のからくり、仕掛けを掘り起こして、現代の子どもたちに伝えていくことを大切にしている。美術館のレパートリーは五〇〇ぐらいになっていて、訪れた子どもたちは電気も装置もないのに紙やリサイクル品の手づくりおもちゃが動きだしたり、手品のようにひっくり返しただけで絵が変わったりといったおもちゃに目を輝かせる。そして、「貸して貸して！つくりたい！」を連発する。それが自分の手でできあがったときには、また違う感動が待っているわけだ。

費用の面では、よそからの補助を受けているわけではないので材料費をふんだんにかけられないため、お金のかからないリサイクル品―牛乳パックやペーパー芯などを、地域の人たちからも提供してもらっている。特に割り箸は、近くに東京でも有名な中国レストランがあり、そこのご主人が美術館の活動に共鳴し、使用した割り箸を全部食器洗い機で洗い、一五分ほど煮沸消毒し、三日間陰干ししてから持ってきてくれるということがもう一〇年以上続いている。そのようにさまざまなところから素材を提供してもらい、おもちゃづくりに充てている。

プレイコーナー、おもちゃライブラリーも、特徴の一つである。美術館には、安価なおもちゃから高価なおもちゃ、外国製でなかなか日本では手に入りにくいおもちゃまで、さまざまなおもちゃが置いてあって、入館者はプレイコーナーで自由に遊べるようになっている。また、そのおもちゃは貸し出しもしていて、リストアップした約二〇〇点の貸し出しおもちゃをアルバムにして毎週土曜日に入館者に見せ、好きなおもちゃを一人一点、無料で二週間貸し出している。

おもちゃライブラリーの常連のお母さんに、今まで何回くらいおもちゃを借りたかを尋ねたら、三十数回で買えば四二万円ほどになるという。普通の家庭ではおもちゃに四二万円というお金はなかなかかけられず、ライブラリーで借りることにより、おもちゃの選択の幅が広がったということであった。さらに、自宅用におもちゃを購入する時には、子どもがプレイコーナーで本当に楽しんで遊んでいるおもちゃだけ買えばいいので、そのためのリサーチとして使わせてもらっているということであった。普段、洋服は試着して買うのが当たり前なのに、おもちゃは箱の外から眺めて買う。おもちゃの試着という意味で、自分の感性やサイズにあったものを買い求めればよいということだ。

他にも借りる理由はさまざまで、なかには団体で来る人もあり、一〇人で来れば一〇個借りられるので、特に保育士などが行事の際に利用するようである。最近面白いと思われる使われ方は、子育てサークルのお母さんたちが借りていくことだ。子育てサークルをやっていても、おもちゃを購入する予算がつくわけもないので、集団で遊べるおもちゃとか、大きめの遊具などを借りていくというように、ライブラリーのおもちゃを活用している。

入館者の子どもたちの姿を見ていると、スケジュール過密型の子どもと、コミュニケーション暗中模索型の子どもが、数年前から気になり出している。

おもちゃ美術館に毎週火曜日の午後四時から三〇分間、手づくりおもちゃをつくりに来ている子どもがいた。なぜ、ここまで規則的に、毎週火曜日の同じ時間にくるのかと不思議に思って尋ねたところ、この時間しか遊ぶ時間がないらしい。彼の一週間の生活は、学習塾とお稽古事に追われ、友だちと遊ぼうにも時間が合わない。一人遊びにならざるを得ないわけである。この子はおもちゃ美術館でほとんどおもちゃづくりに没頭する。不器用だったが、カッターナイフで牛乳パックを切ったり、折り紙をのりで貼ったりと、もくもくと作品をつくり上げる姿は引かれるものがあった。作品ができると、そそくさと帰っていくが、おもちゃ美術館は、過密スケジュールの中で、ほっと一息つける居場所だったようだ。

もう一人印象的な子どもに、中学二年生の女の子がいた。小さいときから体が弱かったため、勉強が遅れがちのまま中学生になってしまった。通学に気乗りしないためか、時々自主休校して、おもちゃ美術館に来ていた。欲求不満がたまっているせいか、ものすごい勢いで話しかけてくる。聞きたいから質問をしてくるのではなく、誰かと話したいから質問をしているようだった。時々お手伝いをお願いすると、「自分は頼りにされているんだ」と、俄然張りきってくれる。わがままと素直さが混在する子どもだったが、常にコミュニケーションのあり方を模索しているようだった。

こうした子どもたちは、おもちゃ美術館に自分の居場所を見つけると、盛んに足を運んでくる。手づくりおもちゃなどの創作意欲も旺盛になるし、慣れてくるとボランティア精神も芽生え、時々手伝ってくれるようになる。できるだけ一人ひとりの出番作りを工夫すると、子どもたちの気持ちが徐々に動き出す。そのときに、格好の演出家になってくれるのがシニア層の方々だ。定年退職されたシニアの方々が手づくりおもちゃの指導者になってくれることが多いが、こうした人生のベテラン選手が、心に隙間を持った子どもたちの良い受け皿になってくれる。

子どもには、大人が羨ましくなるほどの時間的なゆとりが必要である。コミュニケーションも、ある一定以上の摂取量が必要である。子どもたちはこうした心の栄養素を、遊びを通して贅沢に取り入れる時期で、そのための居場所が子どもには必要だ。おもちゃ美術館も、あらゆる子どもたちにとって頼りにされる居場所となりたいものだ。

●老人ホームを世代間交流ホームに

「お母さんが赤ちゃんを抱っこして立ち寄りたくなる老人ホームをつくろう」のかけ声のもと、高齢者福祉施設の中におもちゃ美術館を開設していく運動を一九八五年より開始している。南は鹿児島から北は岩手まで、一二の施設の中に世界各国のおもちゃや絵本が常備され、地域の母子や保育園・幼稚園にとって風通しの良い環境整備をし始めた。

岩手県では、一九九〇年代に入って赤ちゃんからお年寄りまでの遊び文化の芽がたくましく育とうとしている。

その象徴的な動きが老人ホーム内にできる「おもちゃ美術館」である。(次頁写真参照)

「そちらの老人ホームに生徒を連れて遠足に伺いたいのですが」といった小学校教師からの申し入れに職員は耳を疑った。

岩手県江刺市の特別養護老人ホーム「聖愛園」に一九九七年におもちゃ美術館コーナーがオープン

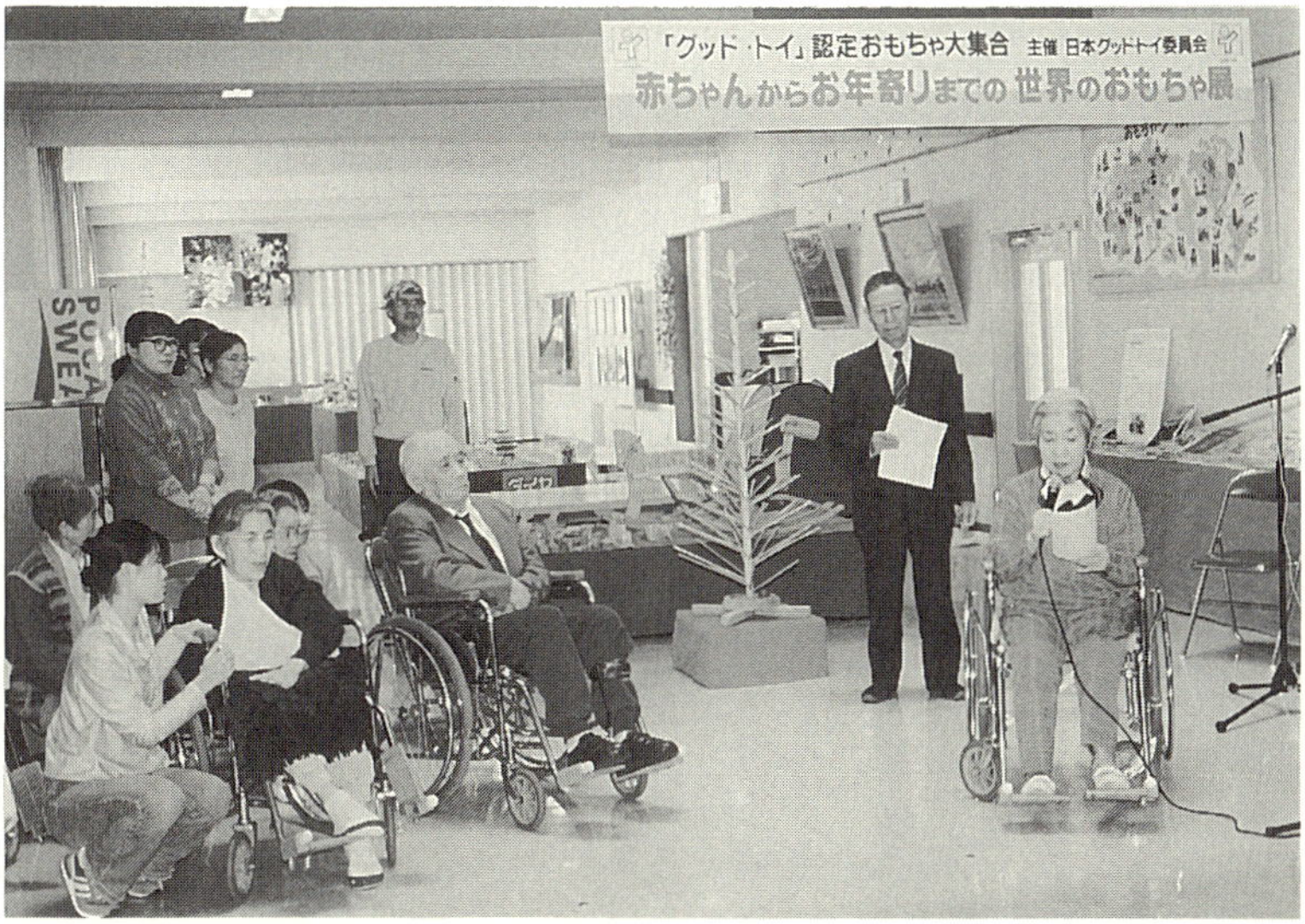

岩手県江刺市の老人ホーム聖愛園に誕生した「おもちゃ美術館」オープニングセレモニーでは，入居者のお年寄りが祝辞を述べる。赤ちゃんを抱っこして行ってみたくなるような老人ホームを目指す。

した。地域の子どもたちがランドセルを置いて遊びに来たり、子育て真っ最中のお母さんのサロンにでもなればといった思いからだ。

子どもとお年寄りは昔から気の合う仲間同士であったわけだ。しかし、昨今の少子化のように、その仲間がこれだけ激減していれば、お年寄りが地域でワクワク、ドキドキできないのも当然だ。

こうした子どもが減ることに対するお年寄りの情緒的なものは老人ホームにおもちゃ美術館作りを進めているとよくわかる。赤ちゃんはボランティアのＶＩＰと呼べるほどお年寄りたちを変える。ほっぺたが桃色に変わり、笑顔も増え、ベッドから起き上がろうする。喜怒哀楽の栄養失調になっているお年寄りは感極まって突然泣き出すこともある。赤ちゃんを含めた子どもたちは「居るだけボランティア」として立派に役目を果たしているのだ。

子どもが減るということは理屈抜きに何かもの悲しいものだ。特にお年寄りは元気が出てこなくなる。日常生活の中で子どもがいない、来ないといっただけでがっかりすることも多い。過疎地域の村に行っても、村から子どもがいなくなることを一番悲しむのは、いつもお年寄りだ。子どもは地域においても、お年寄りのために「居るだけボランティア」を長い間はたしてきた。祭りや人生儀礼などは、時にはお年寄りをリーダーにして奮い立たせた。路地裏や原っぱの遊びの風景は、のんびり眺めることで安心させてきた。子どもは地域にいるだけで、お年寄りを元気にさせるボランティアをしてきたとみなせるのではないか。

聖愛園がおもちゃ美術館をオープンしたかった大きな理由は、母親が赤ちゃんを抱っこして訪れたくなるような高齢者福祉施設を目指すためだ。世界各国の木製玩具やカラフルな絵本をふんだんに置いた楽しい拠点になる。地域の小学校や保育園とも交流を深めつつある。

また、地域のボランティアが手づくりおもちゃの指導をするおもちゃ工房や、おもちゃの修理をするおもちゃ病院も併設する計画をしている。特定年齢集団の空間を「おもちゃ」をキーワードに異年齢集団にしていき、遊びを掘り起こす新しい試みになるに違いない。

また、県内では高齢者福祉施設以外での姉妹おもちゃ美術館づくりの歴史は長い。二つの障害児施設にあり、雫石町の「希望ヶ丘学園」は一九八九年にでき、前沢町の「たばしね学園」は一九九五年にできた。両館には世界二〇～三〇ヵ国のすぐれたおもちゃが多数常備されており、地域の親子に利用されている。開館してから、地域の子どもたちとハンディキャップを持つ子どもたちとの接し方に変化が出てきたという。道端ですれ違っても言葉を交わすようになったり、学園の子どもたちの居室に上がり込んだりと、普段着の付き合いが芽生えているということは、とても貴重なことと思う。

障害児施設も一般的には地域の中にありながら、親しみを感じられない空間である。児童福祉の政策として必要なのは、障害児を隔離・分断することではなく、社会とのつながりを深めていくことにあると思う。そのためのパイプ役としておもちゃ美術館はひとつのきっかけになるに違いない。地域に開かれた「コミュニケーションの文化拠点」として力を発揮してもらいたいと思っている。

毎年八月に岩手のおもちゃ文化の総決算として、県内に散らばっているおもちゃを一堂に集め、世代間交流を目指した「岩手の子どもを育てるおもちゃ展」も開催している。

特別養護老人ホーム天寿園（熊本県）は園内におもちゃ図書館を併設し、高齢者向けの趣味活動のプログラムや、母子遊びサークルや障害児の遊びの教室などの子育て支援活動を進めている。特に、子育て支援は老人ホームでの活動が最低でも一年間の長いスパンで進むため、母親たちの結びつきも強いものになるという。年度末には終了式が開かれ、入居者のお年寄りが祝辞までも述べられるそうだ。また、近隣の小学校との世代間交流は、老人ホームと小学校との信頼関係が根づいており、クラブ活動や年中行事、交流教室などといった交流もゆるやかな継続性が保たれ、生徒と高齢者の関係も日常生活に溶け込んだ交流へと発展している。

天寿園の中庭には芋畑が作られており、小学校の芋掘り遠足にも活用される。収穫後には一緒にお弁当を食べたり、お年寄りから芋料理の話を聞いたりと、ごく自然な形で交流は進む。

通常、小学校や中学校などは運動会や学芸会に、近隣の高齢者福祉施設のお年寄りたちを招待するケースはある。テントの中に招かれ、いかにもお客さんのようにじっとおとなしく眺めている姿を良く見かける。普段から日常的な交流を続けていると、こうしたイベントに招待されても、校庭のいたるところで子どもたちがお年寄りを取り囲み世間話に花が咲く。人間と人間の付き合いというものは、お膳立てしたからといって話がはずむわけがなく、普段の付き合いがものをいうのは当然である。

特別養護老人ホームさくら苑（神奈川県）には一九八六年よりおもちゃ美術館活動を展開している。おもちゃを通して、遊びに来る子どもたちとの交流を深め、お年寄りたちの暮らしを豊かにすることが目的である。地域の遊びのボランティアと共に運営し一三年になり、中学生、高校生になった子どもたちのかかわりも活発である。高齢者の絵本の語り部サークル、音楽・絵画などの芸術活動、動物などとの触れ合い活動などさまざまな世代間交流の広がりを見せている。特に語り部サークルは児童文学者の指導のもと、ボランティアサークルも生まれ、高齢者自身の積極的な自主活動となり、世代間をつなぐユニークな試みとなっている。

お年寄りには、むかし蓄えた多くの遊びが眠っている。一方、子どもたちは遊びをたくさん欲しがっている。こうした両者の交流に、おもちゃが潤滑油の役目を果たし始めてきた。地域の住民が訪れることのなかった老人ホームに、子どもたちが学校帰りに立ち寄るようになる。おもちゃのプレイルームでにぎやかに遊んだり、お年寄りから手づくりおもちゃを教えてもらったりする。玄関ホールに展示された世界のおもちゃを見に、赤ちゃんを抱っこしたお母さんも気軽に訪れるようになった。また、お年寄りがおもちゃで遊ぶことは、衰えがちの身体の機能を回復させることもある。音の出るおもちゃでリズム運動をしたり、手づくりおもちゃに取り組むことで、動かなかった手が肩まで上がるようになったお年寄りもたくさんいる。

老人ホームにとっておもちゃは、子どもとお年寄りの交流、お年寄りのリハビリ、そして居住空間を彩るインテリアといったように、魅力ある生活道具として活用されている。

他にも、地域の協力と近隣の幼稚園の連係によって交流活動を深めつつあるケアハウス日夕苑が千葉県市原市にある。自立した高齢者が多いため、世界のゲームなどを活用した遊びやハーブの園芸活動なども積極的に取り入れられている。（次頁写真参照）

また、鹿児島県輝北町にある特別養護老人ホームみどりの園は、一九九七年よりおもちゃ美術館活動をスタートさせた。おもちゃ選考機関「日本グッド・トイ委員会」認定のおもちゃを中心に世界のおもちゃ展を開催し、地域の子どもからお年寄りまで四千人を集め、ダイナミックな世代間交流を進めた。

遊びは、まだお年寄りの生活を十分に潤しているとはいえない。長い間、お年寄りの生活のなかに、遊び心が枯渇していたからである。子どもとお年寄りの交流は大きな意義があると思うが、いろいろな地域で行われている事例は、お互いにプレゼントの交換会を行ったり、子どもがお年寄りに手づく

千葉県市原市のケアハウス日夕苑の一角に設置されているおもちゃ美術館。地元のおもちゃ展では，なかなかお目にかかれない世界各国のおもちゃで自由に遊べるのが魅力。やって来る入居者のお孫さんにも好評で，「つまらないから，もう帰りたい」もいわなくなった。

りのレースを首にかけてあげたりするお決まりのセレモニーが多かったようである。

また主体的にお年寄りがかかわる交流はなかなか生まれていない。子どもとお年寄りのコミュニケーションを豊かにする共通項を媒介にしながら人間関係を育む、といった発想が欠けていたのかもしれない。お手玉の例でも見られるように、潜在的な遊びの能力は豊かだと思われる。お年寄りの中にはいろいろな遊びが眠っており、それを掘り起こし、伝承することは精神面にとってもプラスになるに違いない。また、一方で核家族の中で育った子どもたちに、お年寄りの話し方や行動を理解してもらう絶好の機会にもなるであろう。

お年寄りの遊びについては、もっと真剣に考えていかなくてはいけない。そして、いつもパートナーとして、子どもの存在を大切にしていきたいものである。お年寄りと子どもが遊びを通して豊かな生活文化を育みやすいように、周りでさまざまなアイデアを持ち寄ることも必要になってくるであろう。

二一世紀にむけて増え続けるお年寄りたち。街から姿が消えつつある子どもたち。両者の生活が生き生きできるものであるために、私たちの知恵比べが始まろうとしているのではないだろうか。

●ロングライフのおもちゃ

わが国の新商品のおもちゃは年間一万点以上にもおよび、大手おもちゃメーカーともなると数千個のおもちゃが毎年つくり出されている。しかし、翌年まで生き残るおもちゃは五％ほどで、九五％は単年度で姿を消す。先進国の中でこんなにも新しいおもちゃをつくり出している国は日本とアメリカぐらいなもので、洪水のようにおもちゃをつくり、洪水のように姿を消すおもちゃ文化は、マスプロダクションの象徴といってもよい。

このようなおもちゃマーケットの状況では、子どもの成長・発達にあったおもちゃ選びは至難の業であり、子どもとおもちゃが良い関係を取り持つことは難しい。

そういったことから、消費者のおもちゃ選びの目安になればと、一九八八年に、日本で唯一のおも

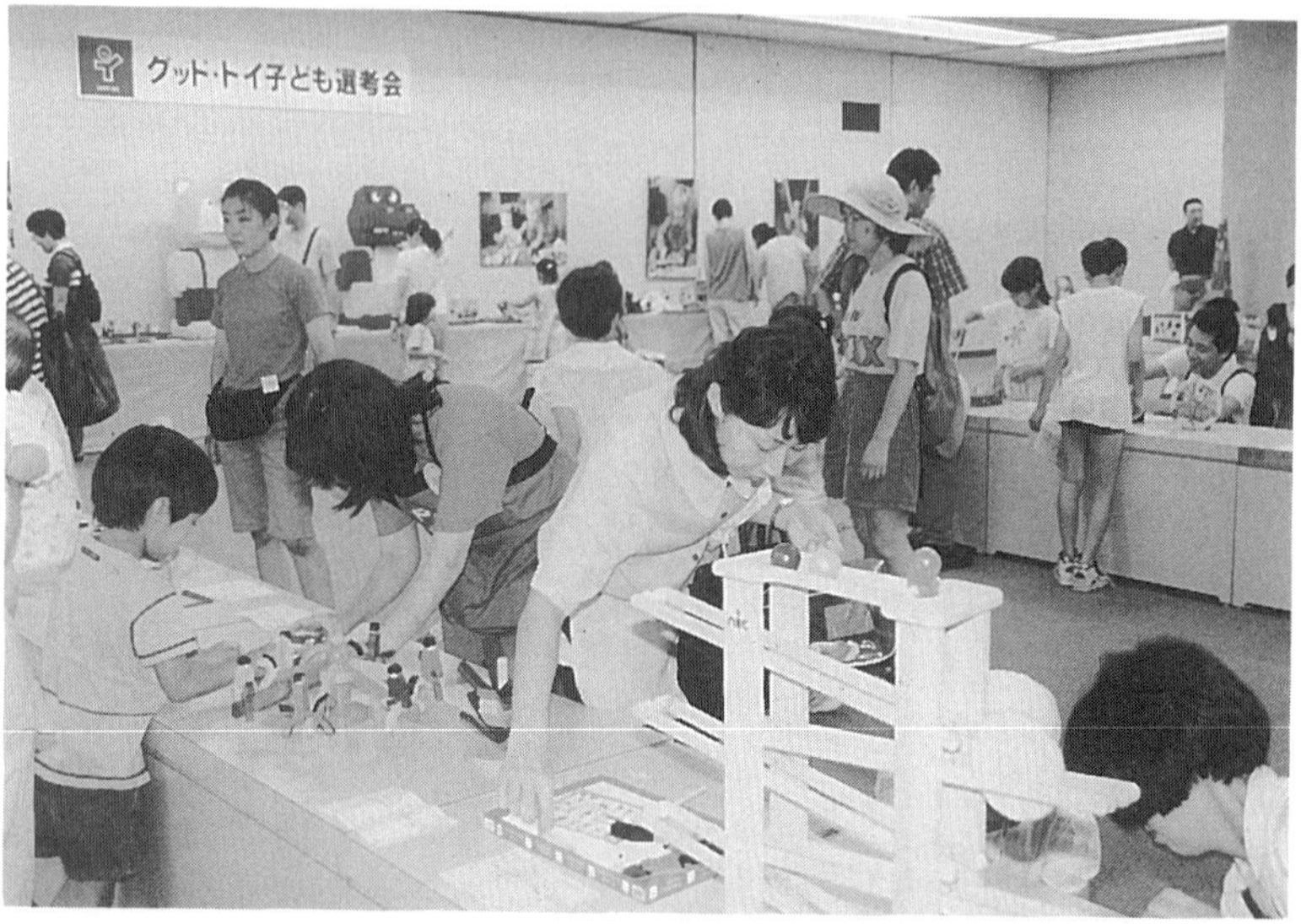

全国のおもちゃコンサルタント有資格者が発掘調査をしてセレクトする「グッド・トイ」。子どもや親などに選考委員になってもらう「子ども選考会」を経て，最終選考会では，小グループに分かれてディスカッションもたっぷり行い，新認定玩具を決定する。

「グッド・トイ」の新認定玩具は，毎年12月のクリスマス前に東京・新宿で発表する。過去の「グッド・トイ」約200点が勢揃いし，自由に遊べるフェスティバルなので，子どもからお年寄りまで誰でも楽しめる。

ちゃ選考機関として「日本グッド・トイ委員会」を設立し、おもちゃの選考活動を実施することとなった。

当委員会は建築家、医師、デザイナー、教師などの選考委員と、全国に約一〇〇〇人いるおもちゃコンサルタントとの共同作業で、毎年「グッド・トイ」を認定し、その普及とおもちゃ文化向上の啓蒙活動を行っている。そこで、全国のおもちゃメーカー、おもちゃ作家、おもちゃ職人からそれぞれの自信作を応募していただき、安心して選べるおもちゃ、子どもの成長にあわせて選べるおもちゃというものを認定している。

毎年、少ない時でも年に二〇〇点前後ほど応募されてくる。それを、子ども選考会も含めたいくつもの段階の選考会を繰り返して、グッド・トイに選び、子どもたちに紹介していくというのがこの委員会である。過去一〇年間に合わせて二〇〇点ほどが選ばれている。そして、選んだものを毎年冊子『おもちゃで遊ぼう』を出版して、皆さんにお伝えし、良いおもちゃをつくろうというメーカーを応援しようという組織である。

「ベストセラーよりもロングセラー」をと、おもちゃの選考をしているが、息の長い良いおもちゃをつくろうと意欲に燃えたおもちゃメーカーは業界でなかなか生き残れないことが多い。どのように流行に乗るか、いかなるヒット玩具を生むかはメーカーにとっては必須の課題だ。キャラクター玩具にも多大な期待を寄せ、多くの利益を生む努力も大切なようだ。

かつて、あるおもちゃメーカーの担当者が「キャラクターがついていないおもちゃは全部製造中止にしました」と語っていたのは、キャラクターにすがって大きなリスクを回避したいといった現れだ。キャラクターなしのスタンダードなおもちゃに自信が持てないのである。

胸を張ってよいおもちゃをつくりたいと思うメーカーが業界で生き残れるようなシステムを確立しなくてはならない。選考会を通して「グッド・トイ」を認定していくのもそうした支援策の一つである。

一五年間も選考会を通じておもちゃを眺めてみるとさまざまなことがわかってくる。第一には外国の木製玩具のグッド・トイに認定される数が確実に増えていることだ。日本がプラスチック製のおもちゃづくりに全力投球している最中に、ヨーロッパは忍耐強く木製おもちゃをつくりつづけ、タイ、中国、韓国といったアジアも木製玩具作りの技術向上に努めてきた。日本は木製おもちゃづくりをサボりすぎ、国内で生む力が低下してしまったのである。第二には、科学おもちゃが全滅したことだ。科学の眼を養い、科学の世界で、わくわくさせてくれるようなおもちゃがめっきり姿を消してしまったのだ。理科嫌いや高校生の理系離れもこうしたことに起因しているように思えてならない。

一〇年程前まで、玩具業界がおもちゃコンテストを実施していた。身内が身内のおもちゃを選んでいたわけで、通産大臣賞とか中小企業庁賞などの仰々しい賞が用意されていたが、本来おもちゃを選考するのは消費者側でなければいけないといったことから中止された。消費者自らが遊んでみて、そのおもちゃの価値を探るといったプロセスがふさわしいことはよく分かる。消費者自らが、自分で遊ぶ道具は自分で吟味するといった姿勢を今後も貫こうということで、平成一五年に特定非営利活動法人（NPO法人）を取得する予定だ。より社会的活動を推進する道を選んでいきたい。

また、物だけでなく、その意義を伝えきちんとした目で見極められる人材を育てようと「おもちゃコンサルタント」の育成を行っている。現在、全国で一〇〇〇人ぐらい認定を受けているが、自分の職業を通してやっている方、自分のボランティア活動を通しておもちゃの文化運動をやっている方もいる。

こういった活動の中で、「おもちゃ」をキーワードに、子育てと子ども文化を支援する運動、高齢者社会、多世代社会の中で、「人」と「人」をむすびつける活動を展開していきたいというのが委員会の考えることである。一昔前であれば、地域社会の大人がほっといても、子どもの遊びは旺盛であった。「おもちゃコンサルタント養成講座」などを開講しなくても、地域にはおもちゃや遊びのアドバイザーのようなおじさんやおばさんがたくさんいた。しかし、子どもの遊びの環境と人間関係が、こうも激変すると、サポートする遊びの応援団が必要となってくる。

日本グッド・トイ委員会は、おもちゃ選びの選考機関ではあるが、アウトドアにおける子どもの遊びの魅力も訴えていきたいと思っている。

昔の子どもたちは魅力ある外遊びをたくさんしてきた。雨降りの日は一日がとても憂鬱になったし、母親から留守番をお願いされるとその日一日が台無しになるくらい悲しい気持ちになったものだ。それくらい屋外は子どもたちにとって、魅力的な遊びのステージであった。お部屋の中にはない多くの楽しみが待っていてくれ、わくわく、どきどきの栄養補給源でもある。

竹とんぼやシャボン玉が空高く舞い上がるさまは実に爽快だ。つり遊びや虫取り遊びは子どもたちを愉快にさせてくれる自然のパートナーがきちんと相手をしてくれる。壁や天井に囲まれた部屋で遊ぶ楽しみとは別世界なのだ。

さらに、外遊びは友だち同士のかかわりを深め、知恵と工夫も膨らむ。子ども時代はお昼ご飯を食べるのも忘れ、夕方暗くなるのも気が付かないほど夢中になれる唯一の大切な時期だ。頭も使い、手足も使い、そして五感で勝負する外遊び。遊びのカロリーが不足しがちな現代の子どもにはとても大切な活動なのである。室内遊び、外遊びのバランスを失いかけている現代の子どもたちに対して、おもちゃコンサルタントも可能な限りのサポートをしていきたい。

さらに、おもちゃコンサルタントの使命として、「子ども文化」の情報発信もある。子どもたちに楽しみをプレゼントしてくれる、さまざまな場が地域にはたくさんある。世界中のおもちゃと友だちになる博物館や科学の不思議さを体験を通して満喫できる科学館。さらに、絵画や彫刻との距離を縮め、楽しみ方を教えてくれる美術館なども多くのワークショップをしてくれるようになってきた。全国に、子どもたちの支援機関がどんどんでき上がってきているのだ。

また、子どもたちの支援材であるおもちゃも、その世界を広げてきている。おもちゃを診察してくれる病院も全国にたくさん開院されている。高齢者の手の運動を促す道具としてもおもちゃが活用され、ハンディキャップを持つ人にも遊びやすいおもちゃが登場するようになってきた。病で元気をなくした子どもたちにもおもちゃの必要性は叫ばれるようにもなっている。また、埋もれつつある郷土玩具に光を当てることも地域文化を知る上で見直されてきており、いまや、おもちゃは誰にとっても、生涯にわたって大切な道具であると認識されつつある。

子ども文化の支援機関や支援材は子どもの未来や可能性を探る羅針盤だ。子どもの未来がいつの時代も輝くために、こうした情報を子どもや大人たちに発信できることは新しい時代に向けた貴重な活動となる。

学校五日制も始まり、子どもたちの余暇活動を思うと、ほったらかしの野放し状態は不安だ。近い将来、こうした課題に向け、少子高齢社会を現実の問題としてとらえ、社会的活動を積極的に進めていこうと思っている。

●十八番で勝負する生きがいボランティア

おもちゃ美術館には、「おもちゃ病院」というのを併設している。もともと元エンジニアのおもちゃドクターが一〇人いて、子どもたちが壊れたおもちゃを持ってくると、聴診器を当てて診察をし、手術をして健康を取り戻す。子どもたちはもとても喜び、ドクターを尊敬する。ドクターも自分の得意技で勝負できるわけであるから、ボランティアであるが、毎日が楽しいのである。中にはおもちゃ病院をいくつも掛け持ちしていて、超多忙なドクターもいる。

おもちゃ病院の院長、松尾達也さん（現おもちゃ病院連絡協議会代表）に「おもちゃドクター」需要について尋ねた。すると、おもちゃドクターになりたい人は、世の中にたくさんいるのではないかという話になった。優秀なエンジニアがリタイアして家にいる方が多いのではないか。さらに、すでにたくさんのドクターが全国で活躍しているものの、それぞれ個別に地域で活躍しているため、ドクター間の連絡や技術交流が行われていないことがわかった。そこで、一九九六年に発起人六人で、「おもちゃ病院連絡協議会」を設立した。（次頁写真参照）

まず各地のドクターに連絡を取るために新聞で、「おもちゃ病院連絡協議会を設立します。初仕事として、全国おもちゃ病院マップをつくるので、我こそはと思う方は名のり出てください！」という趣旨の記事を書いてもらった。すると三百件という大きな反響が返ってきたのだが、意外にもその九

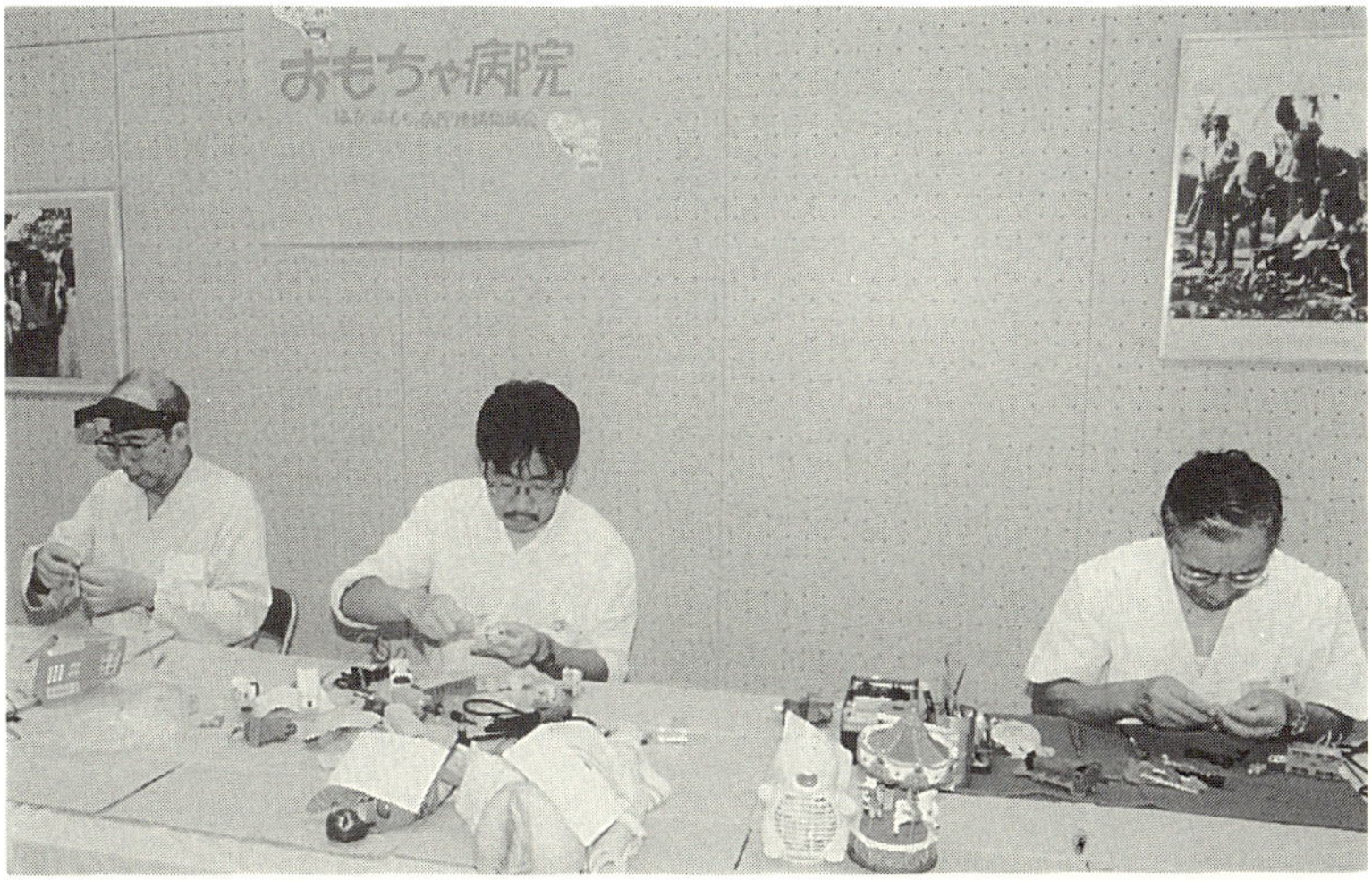

さまざまなイベント会場で診療所を開くおもちゃドクター。シニア層を中心に広がったおもちゃの修理のボランティア活動は世代間交流の象徴ともいえる。子どもを前に，元エンジニアや機械整備士のむかしとった杵柄の技がさえわたる。

割が、私もおもちゃドクターになれるかという問い合わせだった。電気メーカーで洗濯機を作っていた人、新幹線を直していた人、みな日本の高度経済成長を技術で支えてきた人たちである。電話で自分の人生をたっぷり語られるので、問い合わせ者との対応は膨大な時間がかかった。たくさんの志願者に応えるため、すぐさま「おもちゃドクター養成講座」を開講した。六〇人の定員はあっという間に埋まって、二、三回続けて開講しないと、待っている人たちを消化できないほどの大変な人気講座となった。

「おもちゃドクター」になるには二日間で一〇時間の「おもちゃドクター養成講座」を受講後、既存のおもちゃ病院でインターンとして六ヵ月活動しなければならない。インターン後に、自分の診療所を開業して院長になることができる。開業に当たっては、全国に三千ヵ所余りある児童館を管轄する全国児童館連合会とも連携し、インターン終了生の住まい近くの児童館が受け皿作りに協力する体制ができており、現在、全国に約百ヵ所のおもちゃ病院が開設されている。

究極のボランティアは、他人のためにではなく、自分のためにやること。自分の得意技が発揮できるというボランティアが一番幸せなのではないかと思っている。しかし、今の日本の社会では、子どもとお年寄りがつきあう場があまりにも少ない。おじいちゃんと孫の接点は、せいぜいお年玉をあげたりもらったりといったような年中行事のような出会いしかない方も決して少なくない。実に寂しい人間関係になっている。

現役時代の優れた技術を孫世代に活かし、ドクターとして生涯現役でいられる場があることは、どんなに喜ばしいことだろう。

おもちゃ病院には、大事なおもちゃを壊してしまった子どもたちが、ドクターを頼って訪れる。ドクターは機械いじりは好きでも人づき合いが苦手な人が少なくない。病院を開業して間もない頃は子どもの顔を見ずにうつむきかげんで診療（修理）しがちだった人も、目の前に子どもがいるのに話しかけないのはおかしいと自分でも気づき、だんだん愛想がよくなってくる。そのうち患者（おもちゃ）に聴診器をあて「これは入院が必要だな」とか、ドクターらしく白衣を着るなど多少の演出も交え、人との接し方も変わってくるという。ある意味では、ドクターである高齢者が子どもに育てられているのではないかと思うくらいである。

一方、子どもたちも変わってくる。常に親たちに保護されている子どもたちが、この時ばかりはおもちゃの保護者になり、心から心配そうに、おもちゃを抱えて病院のドアを押す。そして、自分もお父さんも直せなかったおもちゃを、目の前にいるおじいちゃんが見事に直して返してくれるので心から尊敬するようになる。おもちゃはお金を出して買うものとしてしか考えられず、壊れたら捨てて新しいものを買い直せばよいと思われている今の世の中で、おもちゃ病院のドクターは、古びたおもちゃを診て丁寧に直し、「大事にするんだよ」の一言を忘れない。そしてこまごまと、以後の取り扱い方法を教えてくれる。「壊れたら捨てる」ではなく「直して使う」こと、人に頼んで何かをしてもらうこと、感謝することを子どもは学ぶ。説明を大まじめで聞き、「二度とおもちゃを投げつけたりしない」と心に決めて、ドクターとうなずき合う。なんとも豊かな時間が流れていくのだ。おもちゃ病院は、お年寄りにとっても、子どもにとっても、成長の場、優しい心の響き合う場なのである。

おもちゃ病院も、おもちゃが人と人とを結びつける舞台のひとつなのだ。

第4章 お年寄りの「遊び力」を引き出す

●遊びの栄養補給

「お年寄りたちの笑顔が増えました。それに、お年寄り同士が、挨拶をするようになってきました」と、老人ホームの寮母が感想を述べるのは、絵本の読み聞かせを導入してからだ。二週間に一回、児童文学作家がボランティアで、お年寄りたちに絵本の朗読を指導している。お年寄りに聞かせてあげるのではなく、お年寄り自らが語るのである。ささやかな自己表現の第一歩だ。絵本を全頁スライド化し、スクリーンに映し出す。そのかたわらで、ボランティアが絵本を拡大コピーした頁を繰り、お年寄りが、かじりつくように全神経を集中させて読んでいくのである。周りには一〇人、一五人とお年寄りたちの輪ができ、じっとストーリーに耳を傾けている。朗読が終わると、「あなた、あんがい良い声しているんだね」と、話しかけ、ドッと笑い声がおこる。二年も三年も同じ老人ホームで生活していても、お互いに語らなくなってしまっているお年寄りたちには、「仲間」の声が新鮮に聞こえてしまうのである。

こうしたお年寄りたちの語り修行の成果の檜舞台を是非とも作ってみたくなった。早稲田大学の国際会議場で大いに絵本の朗読をしてもらおうと「語《かた》り部《べ》コンサート」を企画した。ところが、「耳なし芳一」を十八番にしていた七六歳のおじいちゃんは、朝から微熱が続いていた。当然老人ホームの施設関係者は会場にいかせるわけにいかない。講演を楽しみにしていて、何日も前から勢い込んで練習に励んでいたお年寄りに断念してもらうべく説得工作が成された。あきらめきれないお年寄りと、どうしてもいかせるわけにいかない施設側との戦いだ。「どうしてもいかせないんだったら、わしは死ぬぞ」といった脅しで、施設側はご家族と連絡を取り合って、看護士同伴のもとマイクロバスで会場入りを決行した。見事に役目を果たしたお年寄りの、晴れ晴れとした表情は見る者を清々しくさせた。自分ならではの出番があると高齢者はこんなにも強くなるのだ。

今、お年寄りたちは遊びが枯渇している。遊びは生活に潤いを与えるものであるが、レジャー、レクリエーション、スポーツ、アートなど、本来、日常の生活に密接にかかわるものが不足しているのである。このように遊びと距離をおいた生活が続くと、人々は語らなくなってしまう。

高齢者の世界で見られがちな、コミュニケーションの遮断は、実は遊びの栄養失調に起因しているものと思われる。老人ホームでも、多くの高齢者がボーッとしている光景をよく見かける。能面のよ

愛媛県八幡浜市の真網代くじらリハビリテーション病院おもちゃ美術館，隣町から保健士さんが親子20組を連れてやってきた。4世代が集うおもちゃの広場で，赤ちゃんを相手にお年寄りの遊びの力もふつふつと湧いてくる。

うに無表情で一点を見つめている高齢者も決して少なくはない。遊びの栄養失調どころか、餓死寸前ではないかという方々も多い。

一般家庭でも、老人ホームでも、食事には神経を使う。塩分を控えめに、コレステロールもほどほどに、嚥下《えんか》障害のお年寄りのために調理法の工夫を、といったように、食事に対するケアは、高齢者の生活には必須のものとして常識になっている。しかし、食事をはじめ、衣服、住居だけでは生活は潤わないことは誰もが認識している。人間が生活を豊かにしていくためには、衣食住と同レベルで、芸術、スポーツをも含んだ広義の遊びもとらえていかなくてはならない。

かつて、ある痴呆性のお年寄りにお手玉を持って話しかけたことがある。「おばあちゃん、この布の袋はいったいなんなの」と、わざとトボケて尋ねてみた。おばあちゃんは目を真ん丸くして、「あなた、本当にわからないの、おばかさんね」と、いうやいなや、いきなりマシンのように手が動き、三つのお手玉が宙に浮いた。これがさっきまで何も話さずにボーッとしていたお年寄りと同じ人なのかと、疑いたくなるほどの見事な手さばきであった。他のお年寄りも近くによってきて、皆、今度は自分にもやらせろといわんばかりに、お手玉を奪いあった。ついさっきまで、手もろくすっぽ動かさず、無気力なプレイ振りが続いていた風船バレーはいったいなんだったのかと、笑い出したくなるほどの熱の入れ様である。

痴呆性の彼女たちは、孫に話しかけるかのように夢中になって私にお手玉の指導をし、得意になって自分たちのテクニックを披露してくれた。本当にこの人たちはボケているのかと疑いたくなるほどであった。遊びがこれほどまでに主体性を生み、お年寄りたちにインパクトを与えているものなのだと実感したことはなかった。遊びが生む能動性は、集中力やエネルギー放出力、それに、周りとの連携が生まれる人間関係力など計り知れないパワーを創造する。遊び侮るなかれといったところだろうか。

さらに、遊びのお年寄りへのプレゼンテーションは、ときには驚くような効用を生むこともある。ビーチボールなどを突然投げつけると、「俺は、右手が動かない」としょっちゅういい張って信じきっているお年寄りが、両手でキャッチしてしまうこともある。遊びの最中に、ちょっとした弾みで、本人も無意識の内に動かしているのである。五年間、歩行器なしでは歩こうとしなかったお年寄りが、すてきなドレスを着てファッションショーに出演するとなると、歩行器を舞台の袖に忘れて自力で歩き出し、会場を驚かせたこともある。本人は知らずに袖に起き忘れた歩行器に、再度つかまって奥に引っ込んでいったというから面白い。女性にとって、ファッションショーの舞台に立つことが、いかに心地よい緊張感が生まれ、ワクワク・ドキドキをもたらしてくれるものか想像もつく。高齢者になればなるほど、こうした感情とは距離感が出てしまうものなのだろう。血が騒ぐとか、凛とするといったものがあるから、その対極に心地よさとか安らぎというものも生まれるはずだ。年がら年中安らぎだらけだと、人は腑抜けになってしまうだろう。背筋が伸びるような良い意味での緊張感が、「明日もまた生きてみたい」といった高齢者の心の栄養素になるのであろう。

また、高齢者は文化が自分自信のチャンネルと合っていなければ、重い腰を上げようとはしない。どんなにリズミカルなテンポの曲にも反応を示さないお年寄りが、東京音頭がかかると突然、軽やかなステップで踊り出す姿を目の当たりにしたこともあった。童謡に対して無反応なお年寄りに曲をリクエストしてもらったときに「枯葉」を希望され、しかも、フランス語で歌い上げ、周りを驚嘆させたこともあった。

ここまでくると、遊びとは何だろう、遊び心とはいかなるものなのだろうかと考えずにいられない。

●生きがいアクティビティ

遊びの中でお年寄りをワクワクさせるアクティビティ活動の一つに創作活動がある。今日、市民文化会館や公民館などで、さまざまな素材を使ったクラフト活動はよく見かけるものになってきた。ただし、プログラムを与えられ、やらされるクラフトなのか、目的を持って進んで作り上げていくクラフトなのかには大きな違いがある。

施設の職員やボランティアが、遊びの演出家の感覚を持つだけで、クラフト活動は大きく変わってくる。創作というのはある種の自己実現であって、これは作者からの何らかのメッセージがしみ込んでいなくてはならない。

都内のある公民館では、近所の保育園との交流がきっかけで、お年寄りが「でんでん太鼓」づくりに取り組んでいる。毎年四月に新しく入園する〇歳児保育の子どもたちに、でんでん太鼓をプレゼントしているのである。一年間にたまる事務室のセロハンテープの芯に割りばしを差し込んで、和紙や千代紙でデコレーションし、ワイシャツのボタンで音を出す。保育園側が当初は民芸品店で購入してきたものと勘違いしたほどのできばえだ。

生命の輝きでまぶしいほどの赤ちゃんたちが、でんでん太鼓で楽しんでいる光景は、お年寄りたちにつくることの楽しみと、役に立つことの手ごたえを感じさせた。お年寄り向けにプログラムを用意している公共施設は、「生きがい工房」の可能性も見いだせる。

福祉施設にも進歩的なところはかなり多くなってきた。横浜市の特別養護老人ホームは、クラフト活動の作品をバザーにも出す。そして、バザーの売り上げを寄付金に当て、国際交流をしている韓国の盲重複障害児施設の建設資金のお手伝いにつながっている。「役に立つ」ことの喜びをお年寄りたちと分かち合うことを大切にしているのである。

ささやかな活動でも何かとリンクし合っていることは、喜びと継続を生み出す。生きがいを感じながら物づくりに取り組めることほど素晴らしいことはないであろう。

以前、半身不随になられたお年寄りが竹とんぼづくりに取り組まれていた話を聞いたことがある。竹とんぼの距離と高さなどを競う国際大会を開催したり、手づくり製作を普及している国際竹とんぼ協会との出会いから、おじいちゃんのクラフトにみがきがかかるようになった。二階屋も飛び越えてしまうほど良く飛ぶ一本の竹とんぼを何か月もかかって製作した。それを孫が学校に持っていって自慢したら、友だちの間で大変な評判になったということだ。孫は何本かの竹とんぼづくりの注文を取り、おじいちゃんにもっとつくってほしいとお願いした。リハビリにでもなればと思って取り組んでいたクラフト活動が生きがいに変わっていったのである。

ここ数年の間、注目されてきたものが、高齢者が楽しめる遊びやおもちゃ、さらに、子どもを含めた異年齢との遊びの領域である。老人ホームや病院のリハビリテーション室、老人病棟などといったところの関係者がお年寄りのアミューズメントに興味を持ち始めてきている。

従来、老人ホームではとにかく時間を使ってくれればいいということだけで、その効用や効果には

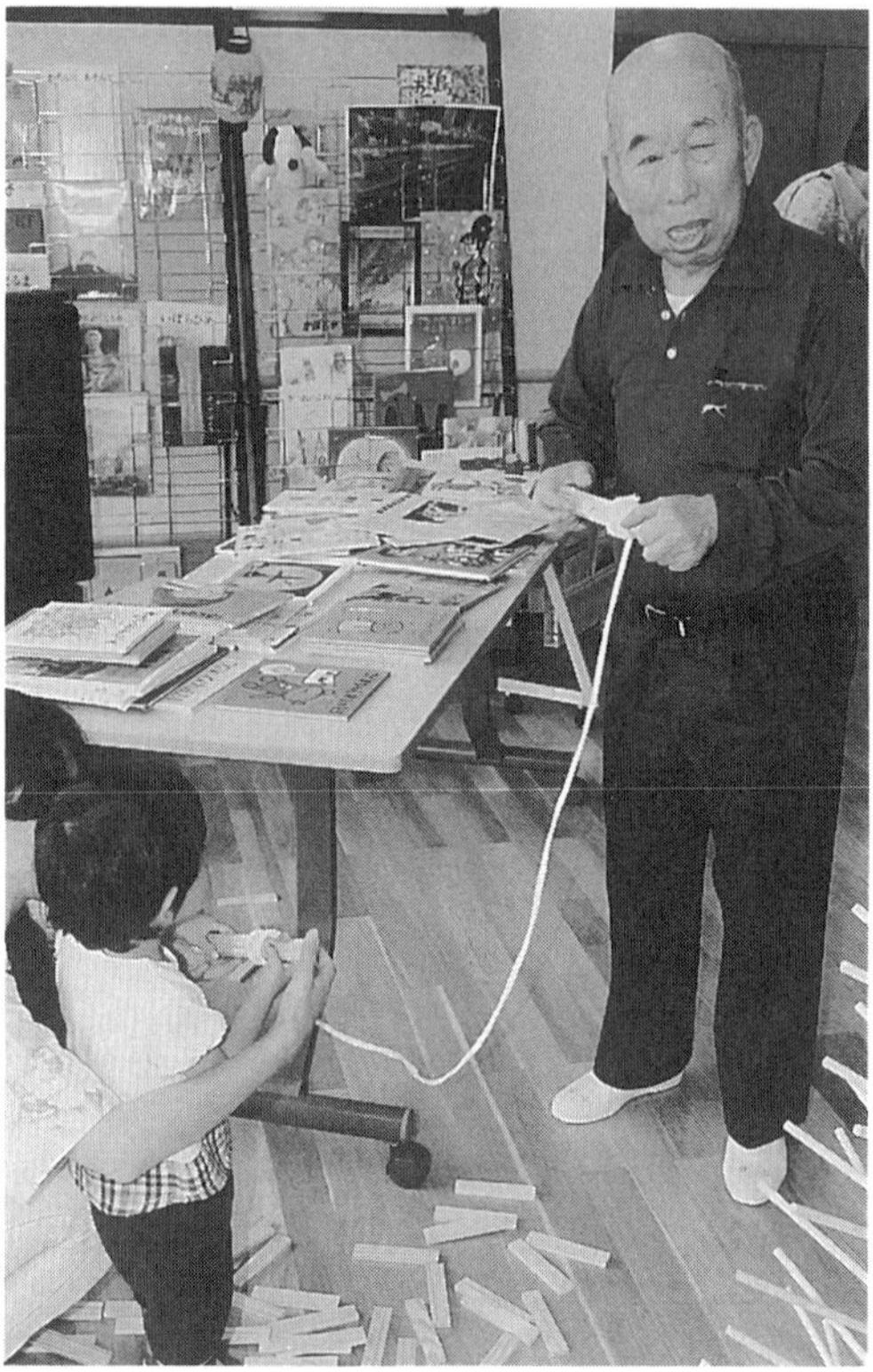

横浜市の川井地域ケアプラザを利用する高齢者と子どもが，どちらが早く巻き取れるかのゲームで競う。やはり，手加減して子どもに勝たせたおじいちゃん。子どもとのふれあいに，どのお年寄りの表情も笑顔がたえない。

見向きもしないところが多かったものである。また、病院でも入院中のお年寄りはベッドで安静にしているという治療・看護法が取られていた。最近でも、お年寄りになるべく起きるようにいっても、「無理して起きて、一体なにをすれば良いのか」といったお年寄りの声が、まだまだ多いようである。長い歴史のなかで治療・看護を本業としてきた空間が、豊かな生活の支援をしていくソフト開発に取り組むことは至難の業なのだと思われる。

そういった視点の矛先として、遊び、レクリエーション、おもちゃに光が当たってきている。お年寄りたちが、ゲームを楽しんだり、ブロックでさまざまな造形物をつくったりすることによって、日常生活の中に遊び心を導入していこうといった試みが細々と始められてきたのである。また、老人ホームの職員や看護士たちも手づくりおもちゃやレクリエーション指導を学び始めている。退屈でつまらない老人ホームでの生活よりも、楽しい時間をもてた方が生活リズムを生き生きとさせることができるからである。また、入院生活でも病気の治りもきっと良いはずである。このようなごく当然のことに気がつき始めたのである。看護婦たちがお手玉をポケットから取り出して、お年寄りと遊んだり、逆にお手玉のつくり方をお年寄りから教えられたりといったように、病気以外の話題でコミュニケーションが生まれることも大切なことである。

一度、カルチャーセンターのようなところで活躍している女性カラーコーディネーターのグループを老人ホームに案内したことがある。お洒落感覚に富んだホームを選んで案内したのだが、その女性たちはやはり、目の付け所が違った。ホームに入るなり、「ここの寮母さんたちはどうしてお年寄りが食欲をなくすような色のエプロンをしているのですか」と聞いてきたのだ。寒色系の服は食欲をなくすというのである。施設長は驚いていた。それから、月に一回、老人ホームでお洒落のワンポイントレッスンをしていただくようになった。

あるおばあさんにいろんな色の布をあてがって、このスカーフを巻くと、あなたは一番顔の色つやが輝くなどのメッセージをどんどん送ってもらった。そうすると、痴呆性のおばあさんたちのほっぺがピンク色になっていくのに気がついた。そしてだらしなくしていた襟元を正し、髪の毛を整え始めた。「このスカーフには、この口紅が似合いますよ」と塗ってあげると、両わきで無関心だったおばあさんが覗き込むようになり、「素敵じゃないの、モダンね」などと、いい出した。口紅を落とすのがもったいなくて、一週間、顔を洗うのを拒否したお年寄りもいたそうである。

一ヵ所に五分もじっとしていない老人が、一時間もそこでじっとするようになり、お洒落レッスンが楽しみになっていったのだが、そこに何かにつけておせっかいなおばあさんがいた。「それは似合わないわよ」、「こっちがいいわよ」など、コーディネーターのやることにいちいちけちをつけているように思えた。ところがコーディネーターは、自分の考えていることと、おせっかいおばあさんのいうことがぴったり合っていることに、心の中でびっくりしていたそうだ。あまりセンスがいいので、若い頃何をしていたのか聞くと、五〇年間和裁をやっていたということだった。なるほど色のプロだったわけである。このように入居者の人生経験を老人ホームの寮母さんたちは知らないことが多い。チャンネルを合わせることで、こんなにもお年寄りの目の輝きが違う。遊びという要素を欠落させてはいけないということを強く感じた。

また、ケアを必要としている方、遊びが欠落している方だけでなく、自立して家に暮らしている方でも、ワクワク人生を楽しんでいるかというとさまざまな問題が潜んでいる。家でじっとしていたり、奥さんに先立たれしょんぼりしていたりで、大きな問題を抱えているのではないかと思うのである。

お年寄りがドキドキ、ワクワクするようなチャンネルでつきあってあげることによって、種々の老齢化も必ずしもマイナスでとらえなくても良いのではないかと思う。個々の高齢者とどのようなチャンネルでつき合うか考えるのも大切な要素だと思われる。

ようするに遊びの環境整備は、人間がより人間らしく生活をし、活動を展開することに欠かせないものだ。遊びは個性が素直にでてしまう側面もあるので、その人らしい「個」が見え始めてくる。「個」を犠牲にしがちな福祉施設や医療施設では、その生活状態が長期化すると、特に子どもや高齢者にいたっては、自己実現を果たそうとするエネルギーが削り落とされてしまう。

芸術教育研究所では、一九九五年から、「高齢者の遊びデザイナー養成講座」というものを開催している（一九九九年からは「高齢者のアクティビティ支援セミナー」に変更）。お年寄りの生活に仕事として、ボランティアとしてかかわっている人に、遊びの演出家を目指してもらうものである。関東圏を中心に遠くは岩手、兵庫、鹿児島など全国から参加者が集まり、老人ホームの寮母を筆頭に社会福祉協議会職員、ホームヘルパーなど、幅広く高齢者福祉の関係者が毎回集まる。一〜二日間の講座の中で、レクリエーション、音楽療育、絵本、手づくりおもちゃ、高齢者のファッション・お化粧などの「装い」、などを通した遊び心に体験的に接する。

現場サイドは、高齢者の生活の質を考え始めている。「寝て、食べて、ボーッとしているお年寄りの生活を何とかしなければ」という焦りも感じ始めているのである。

●お年寄りと子どもの遊び関係力

かつて、日本ではリタイア組が子育て支援の担い手であった。高齢者が孫の面倒を見ていたから、

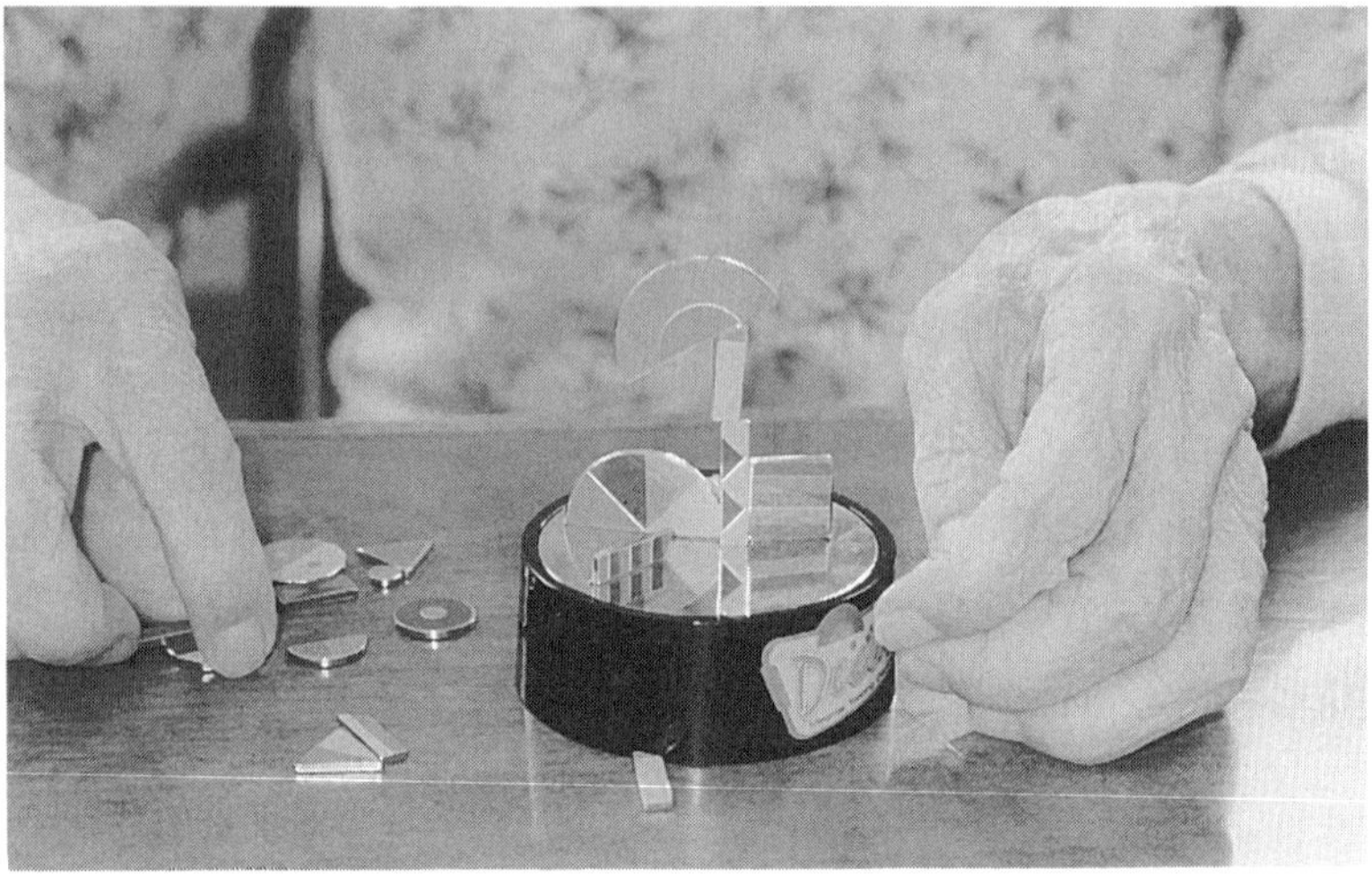

80歳を超える老いの手でも，見事な巧緻性で，マグネットの組み立ておもちゃを遊びこなす。みんなで楽しむレクリエーションが多い中，たまには一人でじっくりと取り組む遊びも必要である。

現役世代の若い夫婦は、安心して田畑に出られたわけである。農耕社会は、ずっとこうしてやってきた。しかし、かつての高齢者は、ただ単に孫を預かって、託児機能を果たしただけではない。雨が降って、室内で孫が退屈していれば、姉様人形を一緒に作ったり、夜寝られないときは、その地方に伝わる民話を語ってくれたものだ。小さな身体の心を躍らせることぐらいお茶の子さいさいの、エンターテイメント性に長けていたのではないか。たくさんの魅力ある引き出しを持っていて、伝承遊びの引き出しを開けたり、手作りおもちゃの引き出しを開けたり、民話・伝説の引き出しを開けたりしていた。

「生活速度」が違い過ぎる働き手世代は、お年寄りの繰り返す昔話に根をあげる。学生時代に民俗学のサークルに所属していたので、日本各地の村落にはよく合宿に出かけた。調査に快く付き合っていた村のお年寄りは「まだ話していなかったっけ」といって、あたかもホットな情報を提供するかのように、私に何度となく語ってくれたことがある。この時こそ、お年寄りは、繰り返しで迷惑をかける天才であると思ったことはなかった。

こうした繰り返しの天才であるお年寄りは、同じことを何べんでも話す。朝も昼も夜も。そしてまた話したらなかったかしらと、翌日もまた話す。この繰り返しに付き合いきれないと感じる息子・娘世代はとっとと尻尾を巻いて逃げ出してしまう。お年寄りの方も、聞いてもらえないから一切話をしなくなる。耳も遠くなっているので人と話すことが面倒くさくもなる。そして意固地にもなる。こういったささいなコミュニケーションのズレやハンディキャップが、お年寄りから話そうという意欲を減退させ、次第に生きる力を擦り切らせることにもなる。

その点、幼児は繰り返しが大好きだ。幼児は繰り返しを楽しむ天才である。「どうして、どうして」と何回も問いかけ大人たちを困らせる。特に○歳から六歳の子どもは繰り返しを楽しめる大天才だ。例えば一日絵本を読んでもらっても、それで十分という子どもはいない。明日もまた読むことをせがみ、明後日もまた読むことを要求する。同じ絵本をずっと続けて読んでも、子どもはつまんないとか、飽きたとはいわずに、また同じ所でわくわくして目を輝かせる。

また、絵本そのもののストーリーも繰り返し手法を多用している。世界の絵本作家たちは「子どもが繰り返しを楽しむ天才」であることを知り尽くしていた。「赤ずきんちゃん」や「手ぶくろ」など

ボーリングを知らない世代でも，ピンが倒れれば一喜一憂できる。このようなおもちゃはお年寄りに失礼ではないかといった先入観は，大きく裏切られることも多い。頑固に拒む人もいれば，何でもやりたがる人もいる。お年寄りの個性は，遊びに正直に現れやすい。

がまさにそうである。凄い繰り返しが随所に見られる。それでもわくわくできるのである。それは生まれながらにして、繰り返しを楽しむ天才だからである。「大きなかぶ」の繰り返し手法ともなれば、もうそれは犯罪的でもある。おじいちゃんが引いても抜けない。おばあちゃんが引いても抜けない。そして孫が出てきて犬、猫、ねずみまで加わって、それでやっと大きなかぶが抜けるのである。その時、子どもたちはワッと喜ぶ。何度読んでも、やはり同じ所でワッと喜ぶ。

幼稚園の先生は読み聞かせだけで終わらず、駄目押しのように劇遊びまでやってくれる。「先生、劇までやってくれなくったっていいよ」と愚痴る子どもは一人もいない。「もう飽きた」とか「どうせ、最後に大きなカブが抜けるんだろう」とブツブツいう子どもも一人もいない。やはり大きなかぶが抜けたとたん、舞台の上で、また、ワッという気持ちになれるのである。

さらに、天才たちは砂場でも毎日一心不乱に楽しむことができる。「この子の砂場遊びはたるんでいる、さぼっている」といった幼児を見かけることは一度もない。子どもたちはマイペースで砂のプリンをつくったり、小穴に水を注ぎ込んだり我を忘れて夢中になる。

しかし、世のおもちゃを見ると、何と流行のものが多いことか。テレビ番組が終わるとおもちゃの生命も失うもの。ブームが去るとおもちゃも姿が消えるもの。もしかするとこうした一過性のおもちゃは、繰り返しを楽しむ天才たちには失礼な代物なのではなかろうか。あふれんばかりの感性とどん欲な好奇心で、もっともっと繰り返し、遊びこなしたいのではないだろうか。

子どもたちを通り過ぎていく遊び・おもちゃ文化よりも、子どもたちの皮膚感覚で獲得し、しみ透る遊び・おもちゃ文化を願いたい。

こうしてみると、子どもとお年寄りの関係は楽しく、ユーモアに思えてくる。繰り返しで迷惑をかける天才の相手には、繰り返しを楽しむ天才が持ってこいなのだ。お年寄りの繰り返しの話にどっぷりと浸って、付き合っていける能力が幼児にはあるのではないか。

また、お年寄りは「話したがり屋」だ。いろいろ聞いてもらいたいのである。アルバムを開いて思い出話に花を咲かせることや、きょうのささいなでき事の報告といったものまで話に耳を傾けてほしいのだ。お年寄りは天才的な話したがりやといってもよいだろう。

一方、子どもは誰でも聞きたがり屋である。問いかけの達人といってもよい。「なぜ、なぜ」「どうして、どうして」とマシンガンのように質問を浴びせてくる。保育園や幼稚園などの新人の保育士などは、一つ一つの質問を真摯な姿勢で受け止め過ぎて疲れ果ててしまうことも多いと聞く。

「どうしてお山は火を吹くの?」といったような質問に対して、子どもに分かりやすいように真実を伝えることは至難の業だ。百科事典やインターネットを駆使して調べあげていたら体が持たない。

ところが、ベテラン保育士となると話は違ってくる。「本当ね。ときどきお山の頭のてっぺんから真っ赤な火を吹きあげているわね。本当に不思議ね」「先生、思うんだけどね、お山もときどき怒るのよ。それとも、熱が上がってフーフーいって苦しいのかもしれないわね」などと上手に対応する。良く考えると全然質問には答えていないわけだが、子どもの皮膚に響くコミュニケーションをしている点では立派なものだ。

かつて、アメリカの発達心理学者が、子どもの周りには最低一人以上、子どもと一緒に感動や疑問を共有できる大人が必要だと、いっていたことがあった。ようするに、聞きたがり屋に対しては、「良き解答者」よりも「良き共鳴者」が大切であると解釈してもよいだろう。子どものワクワク、ドキドキをかたわらで共鳴できる協力者が必要なわけだ。

○歳から六歳までを遊びの天才時期だと思っているが、聞きたがり屋の達人であることはその必須条件の一つに数えている。聞きたがり屋でい続けるためには、あふれるような旺盛な好奇心が必要で、

手工芸活動はお年寄りの心をつかむレクリエーション。雛祭りにあわせて，紙粘土でミニチュア人形に精を出す。思い出話も自然に湧き起こり，手の活動と共に，口の活動も活発だ。女性中心型の創作活動になりがちな今日，おじいちゃんをひきつける活動が大きな課題だ。

頭の上に無数のアンテナを備えていなくてはならない。アンテナには、感性のアンテナと知性のアンテナの二種類ある。そして、日々の遊びによって受信能力を高め、感度が抜群になっていくわけだ。

だから、乳幼児の時期には感性のアンテナを磨き、就学の時期からは、それに加えて知性のアンテナを徐々に磨かなくてはならない。こうした優先順位はとても大切で、ややもすると知性のアンテナ磨きに先走ってしまうことがある。

遊びとは子どもたちにとってかけがえのないものである。大人の打算や思惑によって安易に削り取ってはならないものであり、「生きる力」を育む最善、最良の方法論だ。

だから、聞きたがり屋が寡黙になったときは、良き共鳴者である大人たちは要注意しなくてはならない。核家族化が当たり前となった今日、話したがり屋と聞きたがり屋は、何とか近づけてあげたいものだ。

そして最後に、お年寄りも子どもと同じでユーモアの天才だと思われる。やはり年齢を積み重ねてきた方は、それなりのユーモアを積み重ねてきているのである。そのいちばんの象徴として、あの「きんさんぎんさん」があげられる。永六輔さんによると、ある身内の方がきんさんぎんさんに「きんさんたちはそんなにコマーシャルに出て、そんなにお金稼いでどうするんですか」と聞くと、「老後の貯えにする」といったのだそうである。これは第一級のユーモアではないだろうか。一言ポロッというだけで、全国民を笑わせてしまう。

また、かつて最長寿の泉重千代さんという方がいらっしゃったが、「おじいちゃんの理想の女性はどういう人なの」と、身内の方が聞いたそうである。すると重千代さんは「年上の女性が好き」と言ったそうだ。重千代さんより年上の人はこの世にはだれもいないことを思うと何ともゆかいな話ではないか。

このように、両者はユーモアを振りまくときに計算していないのだが、ポロッと宝石のような言葉が出てくるのであるが、それはユーモアの天才だからである。ユーモア感覚が擦り切れている現役世代との付き合いは、実はこの輝きを曇らせることにつながるのではないかと心配だ。だからこそ、同じようなユーモアの天才である子どもが、お年寄りには、身近に必要なのである。

子どもは、非打算的なユーモアの天才といういい方もされている。彼らのユーモアは計算がされていないのである。四歳、五歳の子どもでも、一言で私たちの心は簡単にゆさぶられてしまう。キラリと光る言葉をいうのである。

保育者などは「今日のこの子の言葉は絶対、連絡帳に書いてお母さんに教えてあげよう」などと思うことが、すくなくとも一日一回はあるのではないだろうか。

以前私の研究所に知り合いの家族が遊びに来た。お父さんとお母さんと、二歳八ヵ月のタクマくん、一歳のヒロシくんである。ちょうど昼時だったので、私は店屋物を頼んだ。受話器を手にとって、私は「たぬきそばときつねそばください」といったのだが、二歳八ヵ月のタクマくんが不思議そうに見ている。私が受話器を置くと、おそるおそる手を伸ばして受話器を取って、タクマくんは「キリンさんとゾウさんをお願いします」といったのである。その場にいた大人は大爆笑であった。

このように子どもは、繰り返しの天才、聞きたがりの天才、そしてユーモアの天才なのである。

日本のお年寄りの生活を見ると、話す、しゃべるということに活気がないように思われる。この一番身近な自己表現を、大いに発展させていかなくてはならないと痛感する。

お年寄りを幼稚にあつかってプライドを傷つけるつもりではない。幼児と「うまくやっていける」お年寄りこそ、若さを保つ感性をいつまでも持ち続けられるのではないかと思うのである。すでに述べている様に、子どもと付き合っていく才能はお年寄りにはある。しかし、孫たちとは分離した生活環境や激変する文化の違いが、その才能を埋もらせているに過ぎないのである。

また、今の子どもにも遊び心は埋もれている。「子どもは遊ぶもんだよ。遊べ、遊べ」と応援していた大人は今はいない。「遊び」そのものへの認識が薄くなった。「遊んでないで、漢字の一つも覚えてほしい」と親は考えてしまうのだ。草笛、笹舟、どんぐり、ほおずきなどなど自然が届けてくれた四季折々の贈り物も確実に減ってしまった。子どもたちを取り巻く環境はかくのごとく数え上げればキリがないほど悪化したと思えるのだが、子どもたちはそんな日常の中でも遊んでいる。

塾の行き帰りに石けりをする。遊びながらナゾナゾをする。ビルの谷間やマンションのエレベーターでだって、立派に遊ぶ。仲間もなんとか同じ境遇のをつかまえてしまう。

子どもの持つ、あふれるようなエネルギーと旺盛な好奇心とはわずかなチャンスも逃さないで、遊びを我がものにしてしまうのだ。

一方、かつて自分の子どもに「遊べ遊べ」といっていたのは、現在のお年寄りである。お年寄りが子どもを楽しませようと思えば、簡単なことかもしれない。何だろうと思っていた布の玉を、おばあちゃんがポンポン宙に浮かせれば、子どもはびっくりするだろう。普段ただ歩いていた道でもおじいちゃんと一緒に歩けば垣根の葉っぱが草笛に変わったり、一枚の紙からからくりおもちゃが生まれれば、子どもの目つきは変わってくるはずである。敏感に人をみるのである。そして、このおじいちゃんならついていってもいいな、などと思うのである。

大き目のビーズで模様遊びをするアメリカ製のおもちゃ。舶来品でも，遊びの過程にアイロンかけのような，かつての体験があると，がぜん興味を引くようだ。アイロンの熱で固めて，やっとコースターができ上がった。

子どもはいつもつまらない日常の中に非日常を求めているのだ。

そのためにも、今お年寄りたちは自分の中に眠っている遊びを取り戻し、大いに楽しまなくてはならないのではないか。人生を謳歌して子どもも楽しませ、若い感性を取り戻さなくては、もったいないのである。

●癒しの世代間交流

急激に形成された少子高齢社会と生活スタイルの変化から起こった核家族化によって、子どもとお年寄りの関係は縁遠くなった。人生の年輪を積み重ねたお年寄りから子どもへの文化の伝承はなくなり、また、生命感あふれる子どものエネルギーをお年寄りも享受することができなくなった。

一方、福祉の世界では逆の動きも起こりつつある。高齢者福祉施設と保育所の合築施設や、保育所内に高齢者の通所スペースである「ふれあいデイサービス」機能があったりと、子どもと高齢者の距離が福祉領域においては急速に縮まりつつある。

ある特別養護老人ホームでは、「赤ちゃんはボランティアのＶＩＰ」と評している。赤ちゃんとの交流が始まって以来、入居者のお年寄りが変わったというのだ。第一に、ベッドから起き上がろうとすることが増えたらしい。寮母さんが「おばあちゃん、今日は天気が良いから起きましょうね」といくらいっても起き上がろうとしなかったお年寄りたちが、赤ちゃんの声を聞いて起き出してきた。そして、それまで能面のように無表情だったお年寄りが、ほっぺたをピンクに染めてにこにこ笑ったり、「赤ちゃんを抱かせて」と語り始め、感情が戻ったようになるという。挨拶をされる側、声を掛けられる側といったように、一方通行だったコミュニケーションが双方向性を持つようになることの意味は大きい。また、赤ちゃんに何かしてあげたくなるようで、あるおばあちゃんが寮母に、お金を渡して「あの子にちゃんちゃんこを買ってやってちょうだい」とお願いされたこともあったらしい。される側の生活から、する側の生活に少しでも変わっていくことは気持ちの上でも生活の張りが違うはずだ。

また、お年寄りにとって、世代を越えた人間関係の効用は計り知れないものがあるが、それは「癒し」という環境の面でもとらえることができるのではないか。通常、世代間交流といったものは世代の違う人々、主には子どもとの交流のニュアンスが強いが、お年寄りと子どもが交流している様をいうことが多い。しかし、子どもと付き合うことによってお年寄りは自分自身とも世代間交流をしているのではないかと感じることがよくある。心の中で世代間交流をしているのではないかといったことだ。

赤ちゃんを前にすると、かつての子育て真っ最中の母親である自分自身と交流をしている人もいる。子どもに竹とんぼのつくり方を教えていると、野山を駆け巡って遊んだ子ども時代の自分と交流している人もいる。アルバムの頁を開いて、家族と話をすることが好きなお年寄りが多いが、それもまさに自分自身と心の世代間交流をしていて、アルバムがその支援材を果たしているとも考えられる。

ようするに、高齢者にとっては、世代間交流は、第三者との「外なる交流」と自分自身との「内なる交流」の二つの意味があるように感じる。高齢者にとって癒しの環境を考えた場合、遊びを通した世代間のコミュニケーションは大切なポイントになると思われる。

遊びは、まだお年寄りの生活を十分に潤しているとはいえない。長い間、お年寄りの生活のなかに、遊び心が枯渇していたからである。また、子どもとお年寄りのコミュニケーションを豊かにする共通項として遊びを媒介にしながら人間関係を育む、といった発想が欠けていたのかもしれない。幾つになっても見事な手さばきで遊ぶお手玉にも見られるように、潜在的な遊びの能力は豊かだと思われる。お年寄りの中にはいろいろな遊びが眠っており、それを掘り起こし、伝承することは精神面にとってもプラスになるに違いない。また、一方で核家族の中で育った子どもたちに、お年寄りの話し方や行

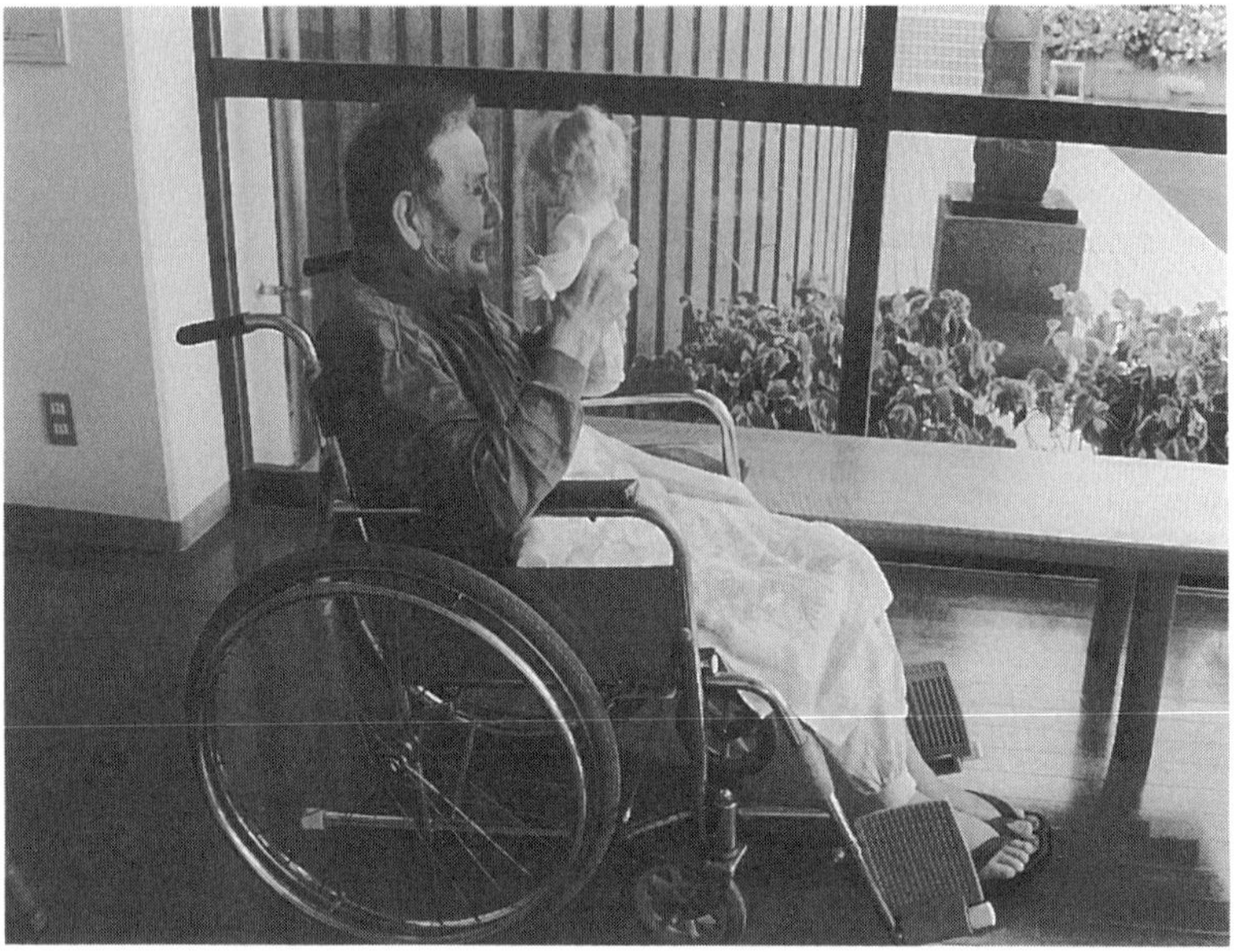

抱き人形をずっと見つめるおじいちゃん。時には，男性も人形おもちゃで子育てを開始するケースもある。子煩悩だったのであろうか。かつての自分の人生暦が，おもちゃを通して浮き彫りになることもある。おもちゃの癒し効果を期待する，ヒーリングトイもただ今研究中。

動を理解してもらう絶好の機会にもなるであろう。

お年寄りの遊びについては、もっと真剣に考えていかなくてはいけない。そして、いつもパートナーとして、子どもの存在を大切にしていきたいものである。お年寄りと子どもが遊びを通して豊かな生活文化を育みやすいように、周りでさまざまなアイデアを持ち寄ることも必要になってくるであろう。

第5章　少子高齢社会の新おもちゃ論

●多世代交流を語るおもちゃ

中国の著名な作家魯迅《ろじん》は（一八八一―一九三六）は「玩具はその国の文化水準を表す」と述べている。つまり、その国でおもちゃがどのように扱われ、どのような形で位置付けられていたかを知ることは、他の文化も知る手がかりになるということだ。世界各国のおもちゃをフィルターにして、多世代社会における子育ちと老いの問題を眺めていこう。

おもちゃは一つ一つが個性ある人間と密接にかかわり合っているため、人間自身の生活や文化、習俗を垣間見ることができる一つの文化指標となりうる。

特に変遷が著しかったアジアやヨーロッパのおもちゃにおいては、おもちゃの個別的、機能的研究は不可欠なものであり、それを通じてその背景となっている各時代、各地域の生活の道具としての理想像、ひいては子育て精神を知ることにもつながるものである。

おもちゃについての一般的な関心は、ともするとアンティークなおもちゃの魅力やものめずらしいものに対する骨董的価値、いわゆる郷土玩具や民俗玩具に見る付加価値性といった狭く限られた、しかも文化や人間の生活と余り関係ない事がらに向けられていることが多い。また今日まで、おもちゃは人類が生んだ優れた文化財であるといった視点が欠けているため、多くの研究者や知識人にとって学問の対象とならず、長い間なおざりにされてきた。古今東西、老若男女を問わず、さらに時代や国境を越えて古来より生き続けてきたおもちゃは、本来人間とのかかわりの中で生活の道具として語られなくてはならない。

そういったことからも、単なる子どもの手慰みといった概念から脱却し、おもちゃ本来の魅力に迫る必要があろう。

歴史、民族、宗教、教育など、さまざまな視点からおもちゃに光を当てると、この道具としてのおもちゃの性格は一層厚みを増し、人間にとって不可欠なものであることが浮き彫りになってくる。おもちゃは時代を映す標本ともいえるが、その時代に「子育て」「子育ち」に人々が何を思い、高齢者が孫世代にいかなることを考えているかを見つめるには便利な文化財といえる。

ロシアの伝承玩具や手づくりおもちゃもユーモア精神の塊だ。ペレストロイカと書き込まれた旗の下で働く労働者のおもちゃは絶品である。モスクワの中心にあるアルバート街で見かけたものだが、旧ソ連時代の書記長であったゴルバチョフ政権下に打ち出されたペレストロイカに因んだおもちゃである。二人の労働者が挽いているのこぎりの刃先に注目すると、上の労働者の足下を切り刻んでいることがわかる。ようするに、ペレストロイカの錦のもとで労働に励むと、上の階級でいばっていた人間は地に落ちるといったメッセージが込められている。高齢者が下の世代に発信したメッセージだ。

モスクワの北七〇キロメートルのザゴールスクにある国立玩具博物館には、馬の形をした子ども用の揺りかごがある。これは一八世紀の初め頃ロシアの農民がつくったもので、ロシア皇帝パーペル一世（一七五四〜一八〇一）が愛用したともいい伝えられている。

昔からヨーロッパには男の子が満一歳になると馬に乗せる風習があったが、時代の変化とともに生きた馬のかわりに、満一歳の誕生日に子どもは祖父母から馬のおもちゃをもらうようになった。元気にたくましく育ってほしいという祖父母の気持ちが込められた風習で、馬は子どもたちの健康のシンボルなのである。

子どもが病に倒れやすかった昔は、親の最大の願いは、やはり子どもの健康であった。医療に頼れない時代であれば、いったん子どもが病気になれば祈るしかなく、その信仰にとっての象徴的なおもちゃも登場した。子どものための遊び道具といったニュアンスが強い現在とは違い、おもちゃは親が子を想う願い事の具現化でもあった。今も昔も祖父母が孫を、親が子を思う気持ちに変わりはないが、時代とともに変わるおもちゃを見ていくと、おもちゃに連動してヨーロッパの祖父母、親と子の関係も浮き彫りになってくる。

ギリシアが世界に誇る木製玩具メーカー，クーバリアスのうさぎのおもちゃ。
嫁入り道具としても通用するおもちゃで，世界の幅広い年代層から愛される。

子育てや家族と切っても切れないおもちゃがギリシアのおもちゃメーカー「クーバリアス」がつくる木製玩具だ。
そもそもは家具メーカーであった同社が副業として始め、今では国を代表する良質おもちゃをつくり出している。オリンポスの山で採れるブナ材を主材料としてつくり上げるおもちゃは、嫁入りする時に持っていくおもちゃとしても親しまれており、子ども時代に遊んだおもちゃをわが子にも使わせることができるほど長持ちするということだ。色鮮やかで、アートとしても評価が高く、「遊び終わった後は、飾りたくなる」おもちゃである。（上写真参照）
ロシアのファミリーおもちゃにはマトリョーシカがある。このおもちゃは入れ

ロシアを代表する伝承玩具，マトリョーシカ。人形の体の中から次から次へと人形が登場する。モスクワの老人ホームでもベッドサイドにマトリョーシカが飾ってあったり，一般家庭でも出窓の装飾品の定番だ。

こ方式の人形で、胴体の上がふたのように開き、次から次へと同じような人形が入っていて、最後の人形は小指ほどのサイズまで小さくなる。幼稚園や一般家庭の出窓によく飾られているものであるが、このおもちゃのルーツが日本の郷土玩具の箱根細工「福禄寿」であることは余り知られていない。（上写真参照）

一九世紀末、ロシア正教のニコライ堂が東京・神田の地に設立され、教会の避暑地が箱根・塔ノ沢にあったため、教会関係者が「福禄寿」をモスクワに持ち帰ったのではないかといわれている。当時の大富豪のマモントフ夫人がモスクワ郊外に芸術家のための文化センターを設立し、この中に「福禄寿」が納められ、その後地元のロクロ職人に真似てつくらせたのがマトリョーシカの始まりといわれている。

近年では、エリツィン、ゴルバチョフといっ

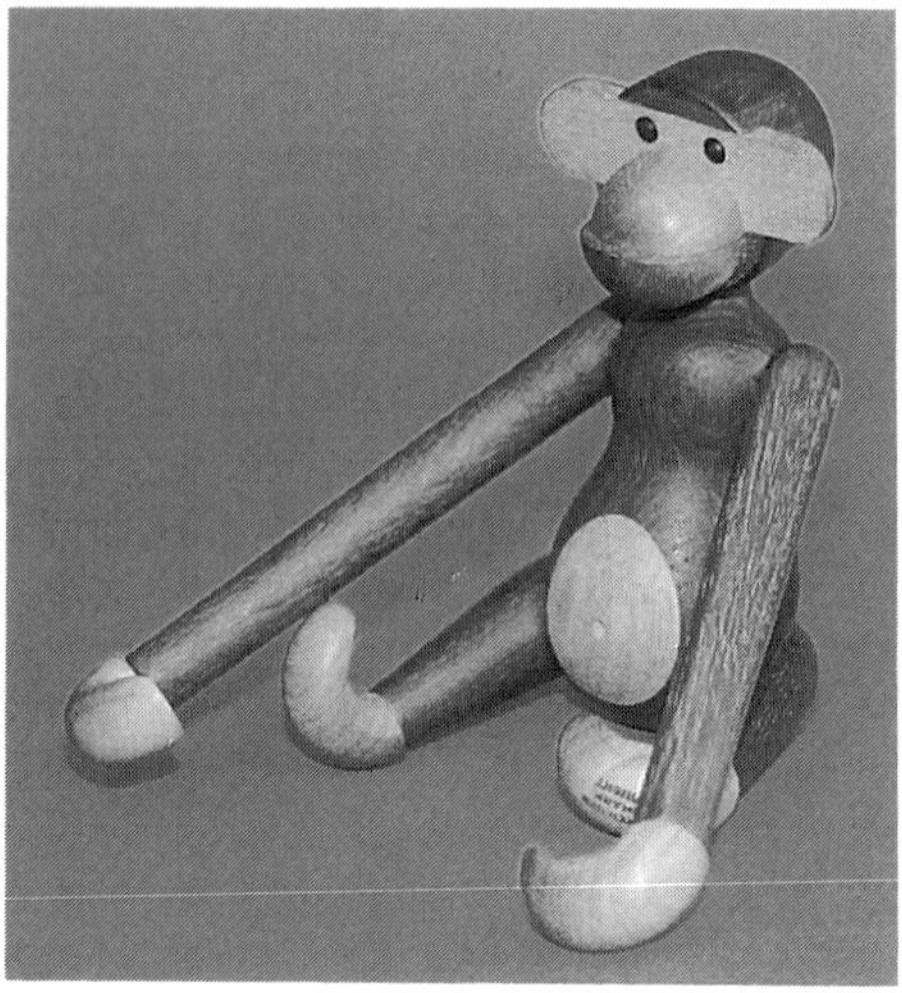

デンマークの代表的な工業デザイナー，カイボイセンの代表作。彼の作品は全部集めたいという大人も多数いるように，洗練されたデザイン性は他のおもちゃを寄せつけない。孫の誕生に祖父母から贈りたいおもちゃの一つだ。

た大統領や旧ソ連時代の書記長が続くユニークなマトリョーシカや、シャガールの絵でつづるアメリカのミュージアムショップ向けのものまで、姿かたちを変えて世界中に広がっている。日本の伝統的な郷土玩具である「こけし」がマトリョーシカとは逆に国内にこもってしまうのとは対照的である。このマトリョーシカは高齢者にもなじみの深いものなので、祖父母と孫をつなぐおもちゃの代表格といっても良い。

動物を題材にしたおもちゃは世界中に多い。デンマークが世界に誇るおもちゃメーカーである「カイボイセン」がつくる木製の動物人形は秀逸である。猿や象を模したものが目立つが、贅肉をそぎ落とした洗練されたデザインは多くの人々に共感を生んでいる。子どもに親しまれる優しいフォルムと、デザイナーや建築家にも手ごたえを感じさせる質感が、カイボイセンのおもちゃデザイナーとしての底力を感じさせる。三世代から愛され、家族の宝になるおもちゃでもある。（上写真参照）

さらに、忘れてはならないのがロシアの熊をモチーフにしたおもちゃだ。民話の世界でも熊は北方では最も身体が大きく力が強い陸上動物だが、どことなくユーモラスに見えるせいか、ヨーロッパ、特に北の地方では、だまされやすいお人好しとして物語に登場する。シベリアの諸民族や北海道のアイヌの人々の間でも特別な神様として大切にされている。ロシアの森に生息する熊は決してわれわれの敵ではなく、仲間なのだといった思いが込められていて、熊と共存することを貴ぶ精神がおもちゃにも現れる。手に持って、玉を弧を描くように回して、台座の上の熊が踊り出したり、スープを飲んだりといった楽しい動きが見られる。ロシアの祖父母は、カタコト音をさせながらこの愛くるしい熊の動きを孫に見せながら話しかける様は家庭の中で見られる光景だ。

デンマークでは、レゴ社という世界的なおもちゃメーカーがあるが、レゴ社本社の正面玄関に社訓のようなものがあり、「子どもにとって（おもちゃは）よすぎるということはない」ということを掲げている。子どもだからこそ、本物を与えなければならない、レベルを高めなければならないといった意味なのであろう。またデンマーク人は、おもちゃメーカーに勤めている人を誇らしげに「トイマン」という。子どもたちにも尊敬される職業なのである。

「子どもの遊びほどまじめな仕事はない」と考えるのはスイスのおもちゃメーカーだ。大人がどれほど本気で子どものことを考えているか、おもちゃをとらえているか。それは大人が子どもの視点に立って子どもの幸せを考えているかどうかにつながっていく。つまり、大人がつくるおもちゃに、子ども観が反映されているということになる。

おもちゃが教育思想や宗教文化によって育まれ、誕生することもある。北海道から沖縄まで全国の幼稚園や保育園に必ずあるおもちゃ「積み木」も教育思想の影響を受けている。ドイツの教育者フレーベル（一七八二－一八五二）が、子どもの遊戯や労作が人間形成に大きな意味を持つことを主張して、世界で初めて幼稚園を設立した経緯で、「恩物《おんぶつ》」の名で知られる積み木を考案した。この「恩物」が明治初期、現在のお茶の水女子大学の附属幼稚園に入ってきたことが、日本の積み木の曙となる。

ドイツの物語おもちゃとして定評があるオストハイマー社の木製玩具も、シュタイナー教育の影響を受けている。ドイツ国内に八〇余りの学校を持ち、世界中にも広がりを見せているシュタイナー学校の卒業生でもあり、教鞭もとっていた同社社長のマルガレーテ・オストハイマー氏は、シュタイナー教育らしいシンプルなデザインや落ち着いた色調の色彩感覚を見事におもちゃに生かしている。グリム童話や聖書などから上手に題材を採り込み木製玩具ならではの素朴さを醸し出している。クリスマスによく似合い、絵本の読み聞かせのムードにそっくりのおもちゃとして、子どもからお年寄りまでドイツ人のみならず、世界中の人々にファンは多い。

キリスト教の文化を最も反映しているおもちゃは「ノアの方舟」であろう。教会関係者の子どもも文化への貢献度は歴史的に見ても評価が高い。絵本や紙芝居、人形劇など子どもを楽しませる文化は目を見張るものがある。その中でノアの方舟のおもちゃはキリストの生誕のごっこ遊びのおもちゃと並んで、安息日の日に特別に遊んでもよい「許された道具」であった。堅苦しい教えやさまざまな制約だけでは、子どもたちはついてこないといった配慮から生まれたおもちゃともいえるが、息ぬきの時

キリスト教文化によって生まれた「ノアの方舟」のおもちゃ。欧米諸国で多く見られるが，特にドイツのものは，コレクターも飛びつくような昔ながらの貴重なおもちゃも多い。祖父母から孫へ，三世代にわたり愛用される。

間でさえ、遊びを通して聖書の教えを伝えようとする演出には頭が下がる思いだ。(上写真参照)

このように、おもちゃは大人側からの意思が明確に反映される。祖父母や親が伝えたいメッセージをおもちゃに託したり、おもちゃをつくることで具現したりといった振る舞いを遠い昔から行ってきたのである。おもちゃは多世代交流の文化財として最もふさわしいものであろう。

●日本のおもちゃからみた子ども観

おもちゃは本来、人々の文化や暮らしに根づいたものであるはずだ。しかし、近年、日本ではロングライフで付き合えるおもちゃ文化が貧相である。多世代によって愛好されている世界の三大ゲームと呼ばれるものがあるが、チェス（西洋将棋）、ドミノ（数合わせ）、バックギャモン（西洋双六）があげられる。残念ながら、これらのゲームが先進諸国の中で唯一はやっていないのが日本である。子どもからお年寄りまでに愛用され、親しまれている多世代交流ゲームが、今日の日本ではかなり貧相であることはとても気になる。

日本ではあまり馴染みのないバックギャモンも、その起源は五千年前にさかのぼり、世界中に三億人の愛好者がいる。子どもからお年寄りまでが共通の道具として楽しめ、一般家庭や福祉施設などの生活の場、ホテルや客船などのレジャー施設でも当然のように置かれている。炊飯器やドライヤーと同じように、一つの生活道具として必要とされているのである。

おもちゃが歩んで生きた足跡を見るとベビーベッドに横たわる赤ちゃんにとって、人生のフィナーレを豊かに楽しく暮らすお年寄りにとって、そして人間の人生の節目節目でいかに大切なものであったかを感じさせてくれる。私たちは生涯おもちゃにお世話になる場面は多いが、その存在を軽視しすぎているだけなのである。

しかし、それでもおもちゃはその時代を的確に映す。社会がどのような方向に進んでいるのか、大人たちが子どもたちに何を望んでいるのかをおもちゃは物語る。

子どもへの慣習、子どもに対する年中行事、おもちゃは、その国の、その時代の大人たちがどのようなメッセージを、子どもに送っていたかを知る手掛かりになりやすい。

では、日本の「おもちゃ」文化はどのように発展してきたのだろうか。

平安の昔、「お持ち遊ぶ」がなまって「おもちゃ」という言葉が生まれた。人間の歴史の中で、おもちゃは生活の道具として深く根づいていた。子どもの成長・発達を大人たちは兜や雛人形に託して願い、将棋や囲碁などのゲームでは人生の中で何度も一喜一憂し、上方の歌舞伎役者を人形化してつくった「市松人形」をブロマイド写真の代わりとし愛でていたりといったように、おもちゃは生活文化との関わりが強い。

江戸時代の母親たちは、子どもの腰に六つの小さな瓢箪をぶら下げて、わが子の健康を願ったといわれている。六つの瓢箪の「むひょう」（六瓢）を「むびょう」（無病）と読むことで、無病息災と結びつけていた。また、愛媛県の石の風車のところで前述したように、農家の軒先には、六枚の羽がついた風車もよく掲げられていた。経木でつくられた一枚一枚の羽には赤や青の鮮やかな色使いで俵を表現するデザインが施され、真ん中の箱にはお米が入っていて、回りはじめるとからからと音がするのである。これも六枚の俵の「むひょう」（六俵）を同じく無病息災に結びつけて、こどもから病魔を取り払うお呪《まじな》いとなっていた。子どもの玩具というより、病を寄せつけない健康を願う玩具だったのである。

子どもへのちょっとした施しや郷土玩具を見ると子どもの健康を願った慣習やおもちゃが多いことに驚かされる。子どもたちが多産多死の江戸時代では、子どもたちの大敵は病だった。医療もあてにならない時、親はただ祈ることしかできなかった。

「はじき猿」という、いまでも柴又の帝釈天で売っているおもちゃは、長い竹の棒に赤い服を着た猿がかじりついている玩具である。お尻の下の竹のバネではじくとぴょんと猿が飛んでいくものだが、これは子どもの病気を治すためのおもちゃであった。我が子が病気になると、母親ははじき猿を買ってきて、猿を子どもの顔に近づけて、病気が猿に乗り移るように一生懸命お祈りをした。猿の赤い色は、江戸時代、不吉の色であり、病のシンボルカラーである。逆に、神社等で見られるように、朱とか紅はおめでたい色である。猿の着ているおべべは、病が乗り移った証拠として、赤くなってくれたのだから、はじき飛ばしてしまえ、飛んでいけというわけである。しかも、この人形は猿で、去らせるの「去る」とも引っかけているのである。

鳥取の「流し雛」も子どもの病をザルにのせて川や海に流される。厄除けの任務を果たしたのだ。高松の「奉行さん」という人形は病む子の隣に寝かされ、病を移す役目を果たした。

年中行事でも、子どもの健康が願われた。七五三の行事は、三歳、五歳、七歳と、その節目節目の到達度を喜ぶもので、多産多死時代の古では、その成長ぶりを祝える親として、この上ない嬉しさがこみ上げてきたことであろう。また七五三の時、子どもはたいてい千歳飴を持つが、千歳飴の歴史は古くはない。昔の子どもたちは、七五三の時必ず破魔矢を持たされてお参りしたものである。悪魔を破る矢で、自分自身にやどった悪魔を自分で退治する武器を持たされたのである。悪魔が子どもの身体に入ることは病気を意味するので、悪魔が身体に入って命を取ってしまうと考えた時代では、子どもに自分を守る武器を持たせるということは相当大きな意味を持っていた。俗説であるが、破魔矢をデザインした飴が千歳飴であるという話もある。長くて食べにくい理由はそこにあったのであろうか。

江戸時代の人気おもちゃ「ざる被りの犬張子」「笑いのたえない明るい家庭でありますように」の願いのもと，床の間や箪笥の上に飾られた。家庭円満が子どもの成長には欠かせないといったメッセージトイでもある。

当時の高齢者は、子どもを逞しく生き残らせるために知恵を絞ってきたのである。しかもユーモアというふりかけをかけて残してきたのである。

日本は牛、馬、猫などが多いが、犬を形どったおもちゃにも素晴らしい作品を見ることができる。ザルを被った犬張り子は江戸の代表的なおもちゃであるが、ザルは竹でできていることから「犬」の字の上に竹冠をつけて「笑い」を表している。床の間や箪笥の上に飾って、「笑いのたえない明るい家庭でありますように」と、庶民は願ったらしい。江戸時代の抜群のユーモア感覚がうかがえる。（上写真参照）

このように、江戸時代は、高齢者が、子どもの生活が生き生きとしたものになるために、大いに知恵を絞ってくれていたようである。

児童福祉法などがなくても、子どもを思う福祉のマインドは、郷土玩具や年中行事の中で、大人たちはそれなりに子どもたちの健やかな成長を願っていたのである。

では、現代の日本のおもちゃは今の子どもたちにどのようなメッセージを送っているであろうか。

江戸時代を過ぎ、明治維新を迎え、一九世紀頃にはブリキやセルロイドが新素材として登場した。それまで土人形や張り子のおもちゃに慣れていた人々は、新しく出現した素材に胸をときめかしたことだろう。昭和二六年にプラスチックが現れたときは、「まぶしいような感じがした」と週刊誌のコラムが伝えている。大人たちがおもちゃを商材として、子どもたちに送り出すことが本格的に始まり出した。

第二次世界大戦とその戦後を通し、徹底的な物質不足の時代が続いて、その頃はおもちゃどころではなかった。昭和二一年には「子どもにおもちゃを与えよ」との嘆願書が国会に提出されたことが歴史に残されている。しかし、それでも戦前・戦中の銃や戦闘機など戦争おもちゃに対しては、戦後の社会は相当のアレルギー反応を見せていた。昭和二六年の雑誌コラムでは「百貨店のおもちゃ売り場の片隅に、こっそりと戦争おもちゃが売り始められた」と記されており、まだまだ戦争おもちゃが売りづらかった当時の空気を伝えている。

その後に高度経済成長はおもちゃの世界にも大きな影響を与え、テレビなどのメディアによって、みなが同じおもちゃを持つようになった。大量生産による大量消費がコマーシャルの力を借りながら子どもたちの日常に入り込んでいき、洪水のような流行おもちゃが続々と登場しては消えていった。寿命の短くなってきたおもちゃは、素材も無機質なものに変わっていき、「温かみ」や「温もり」といった材質が醸し出す感覚は薄れ、祖父母、親から子どもへ込められたマインドも重いものではなくなっていった。おもちゃは経済機構の一つの優良商品として扱われ始め、子どもの遊びは大人の打ち出す文化の影響をまともに受けることになる。

そして、現代の子どもの生活文化に目を移すと、どのようなメッセージが子どもたちには届いているのであろうか。

多産多死から多産少死へと時代は変わり、今は少産少死時代になった。乳幼児の死亡も減少し、病気の恐怖もなくなった。切実な祈りであった七五三の祝いさえ、形骸化された。病気平癒の道具であった人形たちもお土産物になったり、郷土玩具として珍重されているが、本来の意味は忘れ去られた。子どもたちの健康をひたすら願った、かつての大人たちの思いやりの精神は、クリスマスや誕生日に子どもがねだる物を手渡すといった形で受け継がれてきている。今日では、おもちゃの子どもへの過干渉が目に留まる。特に、前述のような経済社会の反映で、大人たちのおもちゃを通した子どもの遊びに対する内政干渉は甚だしい。

子どもの周辺環境が物理的にも精神的にも「ゆとり」がなくなってきている今、子どもたちとゆっくり接する暇のない大人たちが用意するメニューは、コミュニケーションを豊かにするものではない。おもちゃに関してもテレビ番組にしても、巷にあふれかえっている子ども文化財は、ある一定の価値観に偏ったものだ。ところが、それは現代の子どもたちのライフスタイルに合っているため、彼らから大きな指示を受けているから厄介な話となってくる。

仲間がいなくても、時間がなくても、広い空間がなくても遊べる遊具が、毎日湯水のごとく生産される。年間の新商品として市場にでるおもちゃは膨大だ。テレビのアニメや漫画のヒーロー、ヒロインたちがおもちゃになって再登場し、爆発的にヒットする。おもちゃの平均寿命は三ヵ月から六ヵ月といわれ、子どもたちも次から次へと出てくるおもちゃに消化不良をおこしかねない。長寿番組として人気のある「子ども電話相談室」で、小学校一年生の女の子が「おもちゃはどうしてこんなによく変わるんですか」と質問してきたほどである。

さらに、おもちゃメーカーの子どもの遊びへの内政干渉も、「ファミコン」を代表するテレビゲームの登場で拍車がかかっている。日本のおもちゃ市場の四〇％を占めているテレビゲームは今や世界中の子どもたちの手に行き渡ろうとしている。イギリスでは一〇年前にはすでにテレビゲームの売上げは五億ポンド（約一〇〇〇億円）にも達し、アメリカでは二〇〇〇万世帯もの家庭にテレビゲームが普及している。

ドキドキするようなストーリーにそって、子どもたちは巧みにコンピューターを操作し、次々に来る難題にチャレンジしていく。子どもたちにたやすくクリアされてはと、大人たちも寝ることを忘れて新しいソフト開発に取り組む。こうした構図は、もはや子どもたちの遊びの多くが消費社会にどっぷり浸かっていることを表している。大人の遊びのアイデアを子どもが次々と買っているわけだ。子どもたちは、自分たちが楽しむための遊びを考えることを、怠り始めているようにも感じてしまう。子どもたちは知らず知らずのうちに、大人の管理下でしか遊べなくなる恐れも持ち合わせているのではないか。

●管理下で遊ぶ子どもたち

子どもたちの遊びは確実にハイテク化している。一九九四年の山梨大学の中村和彦氏が、三世代の子どもの放課後の遊びを調査している。祖父母の代ではメンコ、お手玉が上位にあがり、父母の代では野球、かくれんぼが、子どもの代では男女ともテレビゲームが二位を大きく引き離してトップになっている。

また、ここ一〇年間で子どもたちの持ち物も、ものすごい勢いでハイテク化している。同時期のおもちゃ美術館の「小学生の持ち物調査」でもテレホンカード、ＣＤプレーヤー、テレビゲームなどのハイテク商品が上位を占めている。

おもちゃに限っても、ハイテク化の波はすごい。世界中で人気を博しているファミリーコンピューターを中心としたテレビゲームに引き続き、子どもを取り巻くおもちゃのハイテク化は、知育玩具、乳幼児玩具などさまざまな分野で、ますます勢いがつくばかりである。

一〇年前のおもちゃの業界紙をめくると、女の子の間で人気を呼んでいるおもちゃに、子ども用ワープロと電子手帳がある。オリジナルカードを作ったり、日記をつけるのもワープロでする子どもがでてきているそうだ。電子手帳も大人顔負けの多忙なスケジュールを管理するだけではなく、恋占いや手帳の画面に登場する猫を飼うといったソフトも内蔵されている。もうすでに、おもちゃのハイテク化の歴史は、実はかなり長期化しているのである。

かつて男の子の間では、バーコードの情報量で競うゲーム機器が爆発的なヒットを飛ばしたこともあった。いろいろな商品に付いているバーコードを専用のカードに張りつける。○○のお菓子は強いとか、□□の雑誌は、最近△△のカップラーメンに負けたとか、子どもたちの世界に情報が飛びかう。そのほかにも、家庭用ゲーム機を中心に大手家電メーカーのおもちゃ業界への参入も目立った。今や子どもたちの周りにあふれるおもちゃの生産は、ハイテク化を契機におもちゃメーカー完全主導の時代から異業種混合の形に変わってきている。

クレヨンや水彩絵の具でスケッチブックにお絵描きをするのが定番だった幼稚園にもハイテク化の傾向が現れ始めた。お絵描き専用のソフトをパソコンに入れると画面がスケッチブックとして活用できる。特別のシートの上をサインペンのような形をしたタッチペンでなぞると、そのペン先の動きに応じて画面に輪郭が映し出される。着色も自由自在だ。画面脇のリストからパレットに筆をおろすかのように好みの色を選べ、一瞬のうちに画面に鮮やかな色彩が広がる。印画も手軽で、コンピューターグラフィックの壁面展示も可能だ。小さめの紙に印画すればオリジナルの絵はがきにもなり、田舎のおじいちゃんにもユニークな便りが出せるわけだ。

コンピューターお絵描きを実践する幼稚園の多くは優れた点として、三つの長所を指摘する。第一に、選択できる色が約三〇〇色あり、市販のクレヨンや水彩絵の具ではできえない描画が体験できる。最近は三六色や六〇色の色鉛筆セットが大人にも人気があるようだが、色の豊富さは子どもたちには魅力があるようだ。第二には、いくらでも修正がきくので失敗を恐れずに伸び伸びできるということだ。画用紙に描いていて、少しでも失敗すると仕上げる意欲が一変にうせてしまうことは誰でも体験したことだろう。最後に子どもたちの集中度が違う点は、特筆されている。おそらく子どもが遊び感覚で取り組めるからであろう。子どもの遊び時に発揮される集中度は、大人ではかなわないともいわれている。

今のところは、コンピューターのお絵描きをさほど過大評価をする人はいない。少子化からくる幼稚園の生き残り策の一つとして、コンピューター教育の導入に踏み切る幼稚園も確かにある。しかし、コンピューターも道具の一つと考えて活用している幼児教育者たちは少なくない。紙を張りつけたい時にはのりを使い、ひもを切りたい時にははさみを使い、泥団子をつくりたい時には手を使うということと、なんらかかわりのないものとして受け止めているのだ。

一般家庭向けに市販されている知育玩具も変わってきている。

数年前、大手家電メーカーがつくる知育玩具の販売コーナーで見かけたお客と店員のやり取りは今でも印象的だ。食い入るように見ている若いお父さんらしいお客の横で店員が「どのようなおもちゃをお探しでしょうか」と声をかけている。「二歳半の女の子なんですが」と答えるお客に対して、店員はおもちゃの説明を始めた。「このおもちゃは遊びを通してひらがなが自然に身につきます」、「こちらは数字の理解が深まります」というように知育玩具の効用が次から次へと口から出てくる。目をしばしばさせていた若いお父さんは「家内が教育ママなもので……遊び時間くらい、遊ばせてやりたいんですが……」とボソッとつぶやいた。

また、根強い人気が続いているのがコンピューター絵本である。コンピューターをテレビと接続し、絵本の形態のソフトを本体に差し込むとテレビ画面に絵本の映像が映し出される。そして、タッチペンで絵本ソフトのキーポイントを触れると画面が動き出すのである。絵本のストーリーがひとり歩きを始めるのである。動かない絵を、子どもが自分の空想の世界で動かす通常の絵本との大きな違いがここにある。

おもちゃのハイテク化の行く末は今のところまだわからない。しかし、こうした遊び文化の急激な変化を、子どもたちは本当に望んでいるのであろうか。全国の優秀な専門家が寝る間も惜しんで次々に新しいソフトの開発をする。それは、子どもたちにとって刺激的でないはずはない。ドキドキするようなストーリーにそって、子どもたちは巧みにコンピューターを操作し、次々に来る難題にチャレンジしていく。子どもたちにたやすくクリアされてはと、大人たちも寝ることを忘れてさらにスリリングな新しいソフト開発に取り組む。こうした構図は、もはや子どもたちの遊びの多くが消費社会にどっぷり浸かっていることを表している。大人の遊びのアイデアを子どもが日常茶飯事に売り買いしているわけだ。子どもたちは、自分たちが楽しむための遊びを考えることに横着になってしまったのではないか。いや、横着にさせられてしまったのであろう。おもちゃがハイテク化し、それに遊びが支配されてしまっている子どもたちは、知らず知らずのうちに、大人の管理下でしか遊べなくなる恐れがある。せっかくの遊びの天才時期を過ごす子どもたちが、誘導・管理されるおもちゃや遊びで「腑抜け」になるのではないかと心配だ。

そのようなことが影響されてか、最近の子どもたちの行動を見ていて、一昔前の子どもには見られなかったこともいくつかある。

回答者として関わっていたTBSラジオの子ども電話相談室に出ていた。なだいなださんを始めとするベテラン回答者に、「二十年前の電話相談の子どもと現代の子どもと何が違いますか?」と質問したことがあった。

いくつか指摘されたものとして、第一に昔の子どもは声が大きかったということ。今の子どもは声は小さく、蚊の鳴くような声で質問してくる。

第二に、今の子どもの質問の多くが、実際の体験に基づいていないということである。昔の子どもは本当に自分で体験し疑問に思って、不思議だ、びっくりだ、聞いてみたい、と電話を掛けてきた。子どもながらファーブルの弟子のような者がいっぱいいいた。今の子どもは、五感で体験せずに目だけで見て、そして質問してくる。

第三に、今の子どもは心で感じたことと発言とが一致していないのではないかといった点だ。司会者のお姉さんが最後に「〇〇くん、わかりましたか?」というと、必ず「わかりました。どうもありがとうございました」といって切る。わかっていなくてもだ。昔の子どもは違った。わからなければ「わかりません」という。生番組なので、これは緊張する。ところが、今の子どもは、わかっていないだろうなと思うような子どもでも「わかりました」といってくれる。番組はスムーズにすすむので、大人の都合からいうと非常にありがたいが、本当に良いことなのだろうか。わからないのにわかったといってくれたり、申し訳ないと思っていないのにあやまったり、ほしいのかどうかわからないのに「ほしい、ほしい」と騒ぎ立てる。子どもの情報発信が腹の底から出ていないような気がするのである。誰かの表情をうかがっているような感じである。

ある幼稚園で、野菜を入れた大きな袋から、手さぐりで指定された野菜を取り出すゲームをしたところ、きゅうりを取れない子どもが何人かいた。にんじんやピーマンは間違えることはあっても、きゅうりはとれるだろうと思っていたので驚いた。ところが、その六歳の子どもたちに、クレヨンできゅうりの絵を描いてごらんというと、見事に描くのである。形もきちんと知っているしポツポツも描いているのである。いろいろ聞いてみたら、きゅうりを触ったことがないということであった。

手のひらは第二の脳とか、目に見える脳ともいわれている。なぜかというと、手のひらには二万個のセンサーがついていて、いろんなものを摑むことでいろんな情報をキャッチできるのである。たとえば、豆腐のような柔らかいものを触れば、瞬間的にその柔らかさを判断して、また手のひらには、やさしく取りなさい、という指令がいくわけである。手で持った瞬間に判断できるのは、手のひらのセンサーのおかげである。

おでこやお腹などにはほとんどセンサーがないので、すごく鈍感である。点字も指だから情報をキャッチできるのである。おでこで点字を触っても情報はキャッチできない。手を使わなくなっている子どもは、そのセンサーを死滅させていることになるのである。

もう一つは、手指を使わない暮らしになってきているということがある。これは子どもだけの問題ではないと思われる。たとえば台所仕事でもあまり手を使わなくなっている。ボタンを押すだけとか、ひねるだけとか、包丁やまな板などのない、ご飯も炊かない家庭の話も耳にする。そういう食生活ではほとんど手や指を使わない。

脳の研究で有名な京都大学の霊長類研究所の久保田競さんは、子どもが遊びながら手を使うことと脳の関係を、次のように話されている。

手を使わないということは、イコール脳を使わないということに等しいので、手を使うことを怠ってはいけない。手のひらには二万個のセンサーがあって、その一個一個が、脳の一ヵ所ずつとリンクしているのだそうだ。手の運動を怠るということは、二万ヵ所の脳の細胞をサボらせることになる。また、脳は運動をつかさどる脳と、感覚をつかさどる脳の二つの機能になっているそうである。たとえば、人差し指を一本曲げると、指を曲げた瞬間、運動をつかさどる脳では三〇％血液の量が増え、感覚をつかさどる脳でも、一七％血液の量が増えるそうである。また足腰を曲げ伸ばしする屈伸を一回すると、同じように運動の脳が三〇％、感覚の方が一七％血液の流れが増えるそうである。脳にとって、指を一回曲げることと屈伸を一回することはほぼ同じなのだそうである。

一般には、親指と人差し指、そして中指の三本指が主人公になっていて、薬指と小指はサポーターの役目をしている。鉛筆を持つ時、お箸を持つ時、ボタンをかける時、ひもを結ぶ時、三本指が主人公になっている。

何か手を動かしている時は、瞬間、瞬間相当の刺激を脳に送り込んでいるのであるが、考えるということと、手を動かすということが合わさると、それは脳にとって第一級の活動になるというのである。たとえば料理などは、瞬間的に大ざっぱなカロリー計算をしたり、段取りや食材の値段の計算をしたり、彩りや食器の選択などで頭を使いこなしている。しかも手を使うので、料理は脳にとって第一級の活動だといわれた。

また、ブロックおもちゃは脳にとって第一級の活動だといえる。ブロックで何か大きなモニュメントをつくっていくということは、全体的な構成、色の配分などを総合的に、瞬間的に、同時に考えながら指を動かすわけである。これも脳にとって第一級の活動なのである。また、砂場遊びも同等といえる。

子どもの遊びというのはほとんど手の運動と思考を促す遊びである。特に九ヵ月すぎぐらいからの遊びはほとんどが指の運動を促す遊びである。脳は使わないと、四〇歳くらいからだんだん軽くなってくるそうで、七〇代になると、二〇代の半分の重さになるそうである。

指を動かすというのはそれだけ偉大なことなのであるから、指を動かさなくなった人間の今後を考えると、とても不安になってくる。

日本では、サイエンス・トイの大手おもちゃメーカーが、五年ほど前にサイエンス・トイの生産を一切やめた。理由は簡単である。売れないからである。

「ハイテク」、「コンピューター」などといった言葉がこれほど巷に浸透している中で、サイエンスのおもちゃはどうして子どもたちに指示されないのであろうか。これも理由は簡単である。科学のおもしろさを味わう遊びよりも、ハイテクおもちゃで遊ぶ方が楽しいからである。ラジオを作ったり壊したりして「科学」することを楽しむよりも、最高の科学技術を誇るおもちゃが繰り出す世界の方が魅力があるのだろう。

子どもの世界では、「科学」は遊びからしめ出された。もはや、遊びの中で子どもは「科学」を体験しなくなっている。近年の科学万能時代の恩恵はおもちゃメーカーのみが受けており、おもちゃがいかようにコンピューター化しようが、ハイテク化しようが、おもちゃそのものが進化しているだけである。おもちゃはハイテク化したが、遊びは非科学的になったといっても過言ではない。子どもの遊び自体はサイエンスではなく、単にボタンを押しているだけである。おもちゃはハイテク、遊びはローテクである。

四〇～五〇年前の子どもの方が、遊びはハイテクであった。鉱石ラジオを作るラジオ製作少年がいたり、時計をひたすら分解する時計少年がいたり、そんな少年だらけであった。ラジオや時計がサイエンス・トイになって、子どもの科学の心をワクワク・ドキドキさせていたのである。

今の子どもにはそんなサイエンス・トイがない。ハイテクのものを操るのは得意である。操縦士としては優秀であるが、機械整備士としては昔の子どもの方がAクラスである。

親たちにもパソコンを早くからやらせた方がいいという錯覚がある。たしかに今の世の中パソコンぐらい扱わなければ、という意見もあるが、パソコンを操るための感性はどうするのか、アイデアはどうするのか、マインドはどうなのか。そういったことの方が本当は大事であるし、これらの感性は乳幼児期も含めた子ども時代の豊かなローテク作業から生まれるものだと思っている。ところが、その辺は気にならずに、操っている姿を見て満足し、何かとても最先端の活動をしているように思ってしまう方が多い気がするのである。

数学者の秋山仁さんが、すごくおもしろいことをおっしゃっていた。ノーベル賞をとるには、学歴社会の中で受験勉強をしっかりやって東大に入っても無理だ。では、どのようなことが必要なのかといえば、それは、子どもが如何に多くの感動を体験できているかにかかっているらしい。

たとえば、家族で高原に行って夜草の上に寝転がって、満天の星空を眺めて「星ってキラキラしてるんだね」「あっ流れ星だ」「なんで、流れ星ってあんなにキラキラしながら落ちていくの?」「不思議だねえ」というような、心の底から感動できる子ども。そよ風が吹いてきたら「風ってどこからやってくるんだろうね」と感動し、すぐさま調べないと気が済まない性分の子ども。そういう人間でないとノーベル賞はとれないというのである。

ようするに、ノーベル賞のような世界の最高峰を極めるには、子どもの頃から感性を擦り切らせるようなことはいけないらしい。感度の良いアンテナをさらに磨きこんだ、研ぎ澄まされた感性を養わなければいけない。だから、おもちゃメーカーがサイエンス・トイをつくらなくなったというのは、日本の将来を考えるととても不安である。科学の精神でいろいろなことにチャレンジできたり、科学の楽しみで子どもたちが目をキラキラ輝かせていたり、ということが、子どもの世界から欠落していくことにつながるからだ。

ある編集者がおもしろいことをいっている。子どもの科学雑誌は、付録が勝負である。だから付録づくりのスペシャリストを雇いたい。ところが最近の高学歴の学生には、良質の付録づくりの人材がいないそうである。今の大学生はコンピューターを扱わせるとプロ級だが、子どもをワクワクさせる付録づくりには素人だということである。彼ら自身が子どもの時代に、科学でワクワクしていない。かつての子ども雑誌の黄金時代を支えた付録のつくり手というのは、子どもの頃にラジオばかり作っていたり、日光写真や砂鉄づくりをしていた、科学や遊びの栄養満点の人たちである。

「子ども電話相談室」でご一緒だったなだいなださんはこんなこともおっしゃっていた。「子どものときに一生懸命遊びをしてないと、大人になって一生懸命仕事をできないよ」と。がむしゃらに何かに集中して、エネルギーを全部放出して取り組むという癖が子どもの時代に身についていないと、二三歳になって社会に出ても仕事ができるかというと、そうではないように思われる。

●遊びのカロリーは満たされているか

食べ物ほどおもちゃは神経質に考えられることは少ない。カレーライスが好きだからといっても毎日カレーばかり食べさせる親はいない。しかしコンピューターゲームばかりやっても、何もいわない親が多い。食品ほどおもちゃ遊びが重要に思われていない、ということなのだろうか。

コンピューターゲームは、ケタはずれに集中して、一人遊びを持続させることができる、極めて優秀なおもちゃだといえる。しかし栄養素の偏りを感じるのだ。

本来遊びには、ファンタジー（創造性）を広げたり、音や動きを楽しんだり、手や足の運動を楽しんだり、コミュニケーションを育んだりと、いろいろな要素がある。それは、食品にもさまざまな栄養素があるように、心や体へのいろんな種類の栄養となるのだ。

その栄養は大きく二つに分けられる。

一つはコミュニケーションを豊かにする遊びであるかどうか、である。自分だけの世界に入り込んで、〝ごっこ遊び〟をするということも子どもの遊びの中でとても大切なことである。そして、それだけに偏らず、友だちとワイワイガヤガヤと遊ぶことも、ごっこ遊びと同じように大切なことである。どちらかに偏らず、バランスをとるということが必要なのである。

昔は、朝から晩まで、年上の子や年下の子とおもいっきり遊んで、いろいろな人間研究ができた。これ以上やってはケガをする。これ以上いっては仲間はずれになる。などといった体験を、全身で感じながら遊んできた。これはコミュニケーションを豊かにするための、一つの栄養素といってよいだろう。

もう一つは、おもちゃの素材である。木のおもちゃもあったり、布のおもちゃもあったり、プラスチックもあったり、自然素材のものもあったりなど、いろんな素材に手で触れるということが必要である。たとえば、木のおもちゃイコール良いおもちゃと決めつけ、木のおもちゃしか与えられない子どもというのも不幸であり、やはりいろんな素材に触れるということが大切なのである。

いつの時代も子どもたちに支持されヒットしているおもちゃは、大人たちから文句をいわれてきた。

昔、メンコがはやったときにも博打に通じるからといって禁止になったりした。おもちゃにも長所・短所があり、批判を受けることは前提として考えた方がよいのであろう。今その矢面に立たされているのがコンピューターゲームである。

しかしそれよりも私たちが気をつけたいのは、子どもたちの遊びの栄養管理ができるかどうか、ということである。たとえばテレビゲーム漬けにすることを許してしまっている親がいないだろうか。毎日四時間も五時間も遊んでいる子どもを見て、問題だと思えるか思えないか。それが大切なのではないだろうか。

子どもの食事の栄養管理は、親の務めとしてよく気遣われるが、遊びの栄養失調状態については、大人は気づかないことが多いのである。健康には身体の健康と心の健康という両面がある、身体の健康には栄養が必要であるが、同じような意味において、心の栄養として遊びが必要である。

ハイテクおもちゃが全く悪いとは思わない。ただ、遊びの形態の栄養バランスと、おもちゃの素材の栄養バランスを、お母さんたちは食事と同じくらいのレベルで見つめてもらいたい。

コミュニケーションを深めるおもちゃが不足している。逆にコミュニケーションを遮断するおもちゃの方はあふれている。その代表格はコンピューターゲームである。

ドイツのある木製玩具メーカーが木の自動車をつくっている。手のひらに乗るほどの大きさで、この自動車は、子どもが手でつかめるように車体に穴が開いている。そして、これ以上丸くはならないだろうというくらい丸い。

この木の自動車の特異性は、走らせる道路にある。「お母さんの背中で走らせてください」とメーカーは説明する。子どもがお母さんの背中を道路に見立てて、小さな手で車を転がす時、母と子の会話が生まれるというのである。自分の背中で子どもがこんな遊び方をして石のように固まっているお母さんはいない。またお母さんを道路にしていて黙って遊ぶ子はいないのである。必ず話しが始まりコミュニケーションが豊かになる。

子どもが手に持って床や机の上をガラガラやりだしたら、今度はコミュニケーションを遮断する遊びになるわけだが、別に悪いことではない。自分でイメージを膨らませながら、この木の車はトレーラーになっているかもしれないし、スポーツカーになっているかもしれない。

子どもの頃はよくジグソーパズルで遊んだというアメリカ人と話をしたことがある。「一人で遊ぶことが多かったのですか？」と聞いたら、意外な顔をされて「家族全員で遊びました」というのだ。夕食後に毎日のように、六人家族みんなでジズソーパズルで遊んでいたそうだ。日本では、とかく一人でやりがちである。しかも日本人はでき上がったら飾らなければ気が済まない。このアメリカのご家族は飾ることには興味はなく、最後にピースを置くと、また壊して最初からスタートするということである。確かに、アメリカのジグソーパズルメーカーは、日本のメーカーと違って、完成作品を飾るためのフレームがほとんど売れない。

日本人は完成を目的にするが、アメリカ人はプロセスを楽しんでいるということも考えられる。一つのジグソーパズルを家族六人で、あれやこれやと話しながらやっている姿を想像していただきたい。

ジグソーパズルがコミュニケーションを豊かにする道具になっているのである。日本では一人遊びの代表格として挙げられるジグソーパズルが、アメリカではファミリーゲームに数えられる。興味深いおもちゃ比較文化である。

日本の子どもと遊ぶ暇のない親や滅多に会わない祖父母は、一緒にいったデパートで我が子、我が孫に「このおもちゃ欲しい」とねだられると、弱いものである。しぶしぶ買ってしまう場合もあるし、嬉しくなって聞き入れてしまう場合もあるが、買い与えてしまう場合は決して少なくない。普段遊んでやれない分買ってやったことで、子どもへの罪滅ぼしになる親もいるかもしれない。また、誕生日などにおねだり通り、買ってきたということで満足し、親としての役割を立派に果たしているかのような錯覚に陥っている父親も多い。

しかし、本当はここからが問題なのである。「明日、パパとこれで遊ぼうね」といえる親は案外少ない。おもちゃは遊びの道具にすぎない。道具を与えただけで、子どもとのコミュニケーションがとれたわけではないのだ。大切なのは、どのおもちゃを選ぶかということよりも、その道具でどのように遊べるかという人間関係のほうがよっぽど大切である。

ふだんゴルフとマージャンしか遊びのないお父さんは「遊び文化」のレベルも低い。子どもと遊ぶには発想豊かで、センスがよくなければできない。たまに子どもとサービスのつもりで河原などにいっても、何をすればいいのかわからない。おもちゃと同じで「さあ、連れてきてやったぞ」で満足してしまうのである。

子どもと遊ぶには、その場にあるものは全ておもちゃに変わる。川原の石も積み上げて高さを競争してみたり、平らな石を投げて水の上を跳ねさせてみたりと、アドリブがきかなければならない。そこに親としての大人のセンス、遊びを積み重ねてきた生き方が出てしまうといってもいいだろう。親もどんどん子どもの遊びの中に入っていけば、子どもは文句なく楽しい。試しに押入れの中のもう遊ばなくなったおもちゃで、親が楽しそうに遊んでみれば、子どもはまた必ずそれで遊び始める。かといって子どもに媚びることはない。子どもの欲しがるおもちゃを買うよりも、自分の視点で選んでかまわないのである。

知り合いに鉄道模型のマニアのお父さんがいる。自分のうちでその父親はレールを敷いて自分のコレクションで遊んでいる。そして、その隣では子どもがプラレールという子ども用の鉄道おもちゃで遊んでいるわけだ。父親は普段、絶対自分のを触らせないが、時々「どうだすごいだろう。今日は特別メルクリンの模型をお前に持たせてやる」と子どもに見せてやる。持ってみるとずっしりと重い。子どもは、「お父さん、これはすごいなあ」って顔をして、また二人で遊び始める。父親にしっかりと自分の遊び文化があると、同じ土俵できちんと子どもと向き合えるようになる。

大人が本気で子どもと遊び始めれば、おもちゃにかけるお金も確実に減る。おもちゃは子どもだけのものと思われがちであるが、そうではない。子どもにとっても大人にとっても、おもちゃとは人間と人間とのコミュニケーションを豊かにする生活道具なのである。おもちゃは、誰に対しても通じ合える共通語である。おもちゃイコール子どものものでもなければ、おもちゃイコール子育ての道具でもない。おじいちゃんと孫が楽しむおもちゃもあり、夫婦で楽しめるものもある。おもちゃは人が生まれてから死ぬまでの営みでどこかに関わって、生活道具の一つとなっているのである。

たとえば、おじいちゃんがふと懐かしさを感じるおもちゃに出会った時、「ああ、これはわしが六〇年前、七〇年前から遊んでいたおもちゃで、今もこうやってあるんだね」とつぶやくのを孫が聞き、「これ、そんなに古いおもちゃなんだ」とか、「おじいちゃんにも子どもの頃があったんだ」などと、世代間交流も膨らむ。

少し前までは、おもちゃは子どもたちの手によってつくられてきた。竹とんぼ、割り箸鉄砲、どんぐりのコマ、ありとあらゆるおもちゃが子どもの遊びの中から生まれてきた。つくりながら子どもたちは、物ごとの仕組みを学んだり、さまざまな道具を使いこなしていった。そして好奇心いっぱいに物づくりをしているうちに生まれた〝ひらめき〟や〝知恵〟が、創造力を生んでいったのである。

日本の中でも琉球の子どもたちのおもちゃは独特だ。沖縄の防風林であるアダンの葉を使って、いろいろなおもちゃをつくり上げる。南国の満天に輝く星を形どったアダンの葉の「星っころ」は八重山の竹富島のおもちゃだ。お年寄りの手に風車を持たせ、九七歳の長寿を祝うカジマヤーもおもちゃと密接な付き合いをしてきた。相手の人差し指をくわえたら放さないハブの形をしたおもちゃは、これもアダンの葉でつくるもので、離すときに必ず相手の指に触れなければならない。見方を変えればスキンシップを促すおもちゃにも思える。

遊びの中で育った文化は従来、親から子へ、祖父母から孫へと受け継がれていった。

しかし、科学技術が進み、目にみえないほどのスピードで情報が飛び交う現代では、子どもの遊びやおもちゃは、すっかり変わり、社会全体がせわしなくなっている今日、子どもたちにじっくりと文化を受け継ぐ暇もないのが現状である。

しかし、おもちゃを子どもとつくることによって、コミュニケーションをはかろうとする親の姿が、このところ少しずつみえるようになってきた。

公園などに落ちているような、木片や石ころなどから、おもちゃをつくりだそうと考えたり実行したりする。そして、そんな親子が一緒に手づくりおもちゃに熱中できるようなサークルやグループもよく見かける。

「お金を出せばよいものが手に入る」と決めつけかねない現代の子どもたちが、木の葉や貝殻、石ころなど、自然から与えられるものを素材として手づくりのおもちゃをつくる。

リサイクル品も、たとえば使用済みの割り箸、フィルムケースなど、工夫一つでユニークなおもちゃに生まれ変わる。黙っていればポイポイと捨てられる運命にあったそれらの品々がもう一度生命をもらって、別の使命を受け、生き始める。

最初「工作なら嫌だよ」と子どもたちは二の足をふむ。図工の授業の延長線上に考えている子どもたちには手づくりの味はなかなか通じない。父親や祖父たちはそんな子どもたちを尻目に、さっさと作業を始めてしまえば良い。

「あれ、いつものおじいちゃんとはちょっと違うぞ」。祖父は肥後の守と呼ばれるナイフ一本でその昔、自分だけのおもちゃをつくった記憶があるのだ。おもちゃばかりではない。お弁当のハシを忘れた日には竹をさいて、ハシもつくってしまった。

「それが案外うまくできてね、友だちからも注文されて、たくさんつくったんだよ」などと話しながら祖父はカッターナイフを上手に使って、竹とんぼを完成させる。

子どもの方も負けずに小さな竹とんぼをつくる。作りながら「おじいちゃんにも子どもの時があったんだね」と目を輝かせて祖父を見つめ直す。祖父の中に隠れていた子どもの心を発見し、嬉々として作業に没頭する。

この時、祖父と子の間は完全に埋められていた。「なにかつくるのって、こんなにおもしろいなんて知らなかったよ」少々不細工な竹とんぼが祖父と子の間を飛びかう。おもちゃはコミュニケーションの道具として、親子のつながりを深める役割を果たしたのだ。

祖父母と孫ばかりではない。友だち同士、見知らぬ者同士。手づくりおもちゃに熱中することで、親しさを増し、共につくる喜びを感ずることができる。

現代の子どもたちはなかなか器用で新しい道具を駆使して巧みに作業をするのだが、カッターナイフやハサミを子どもに持たせる勇気が親になくて、子どもの可能性を奪ってしまう者もいる。

時代を追うごとにおもちゃは高価となり高級志向となるが、自分の手で生み出した手づくりおもちゃは、つくり上げた時のときめきを秘めているから少々不出来でも宝物である。

おもちゃは心の栄養であるが、そのおもちゃを三度の食事と同じように、買うばかりの「外食」に頼らず、ぬくもりのある「手づくり」で子どもに与えることは必要ではないだろうか。子どもには心も満たされる、栄養満点の生き生きとした遊びが必要なのである。

「おもちゃを見ると、その家の文化がわかる」ということもいえるであろう。

●病児の遊びとおもちゃを問いなおす

入院している子どもには、健康な家庭生活を送っている子ども以上に遊びが必要である。幼稚園や学校とは違い、一定の時間をそこで過ごせばよいわけでなく、二四時間の生活が毎日続き、アウトドアの遊びとなると不可能に近いからである。子どもたちにとって、病棟という環境ほど遊びに適さない空間はない。入院生活では、子どもの遊びの必要性が増えるのとは逆に、遊び空間の質が低下するといったジレンマが生ずるわけだ。

通常の総合病院の小児病棟には、普段数十人の子どもたちが入院生活を送っている。親がつきそえない〇歳から三歳までの子どもがいる乳児室も含めると、多くのベッドがある。夏になると学校の休みと同時に、それまで入院や手術を時期的に見合わせてきた子どもたちが全国から集まり、小児病棟は満員状態になる。子どもたちに対して看護婦の数は十分ではない。目の回るような忙しさに毎日を追われ、一人一人の子どもたちの遊び相手になることが難しいようだ。

子どもたちが占領できるスペースはもちろんベッドの上であるためか、漫画を読んだり、コンピューターゲームに夢中になることが多い。そういったことからも、集団遊びの形成、創造性豊かな遊びが演出できる院内保育士や遊び空間としてのプレイルーム、おもちゃは大切なものとなってくる。

最近は小児病棟にプレイルームが多くみられるようになってきた。ここには保育士資格を持った専属の担当者がいることもあり、日々病児の遊びのプログラムを企画している。プレイルームは、子どもたちの遊びの場であることはもちろんだが、こうした空間を持つことによって、病室にこもりがちな子どもたちをベッドから離すきっかけにもなる。また、見舞いに来る親たちにとっては、同じ病室にいる他の病児たちを気遣って移動する場でもあり、スキンシップ不足のわが子と思い思いに遊ぶ場でもある。

大きな総合病院の小児病棟は、各科のいろいろな疾患を持つ病児が入院しているので、なるべく多くの子どもたちが参加して、楽しく遊べるプログラムを工夫しているようだ。時間をきちんと定め、ベッドから離れられる病児に積極的に参加してもらうプログラム（設定保育）には、三歳から小学校低学年の子どもたちが多くなる。こうした年齢の子どもたちにあった遊びは、簡単でしかも変化があり創造性を育てるような遊びが中心になるということだ。たとえば、画用紙を切って張り重ね、インクをつけたローラーで刷り上げる紙版画遊びや、水を蓄えたパットの上にインクを垂らし、竹ひごなどでかき回して、浮かび上がった模様を画用紙に写し取って遊ぶマーブリング、さらに、紙芝居と、魚つりゲーム、ブロック遊びなど多彩に活動を展開している。

プレイルームの担当者は、遊びの支度に専念できるというわけにはいかない。朝食後の歯磨きなどのモーニングケアや、動けない子どもへのベッドサイドでの遊びの補助、さらに午後には学校の授業に遅れないようにするための学習指導など、一人で何役もの仕事をこなさなくてはならない。特に夏期は子どもが増えるが、プレイルームの良き援助者である看護学校の実習生が夏休みに入るため、いっきょに負担は倍加する。

小児病棟には、ブロックおもちゃやゲーム、人形、車、機関車など、いくつかのおもちゃが揃っている。また、見舞いにきた親たちが買ってくるおもちゃは、わが子が退院の際には病院に置いていくケースも多い。

ハードとしてのおもちゃは申し分なくあるわけだが、おもちゃがあるだけでは子どもの遊びが盛んになるわけではない。見も知らない子どもたちが話ができるような雰囲気づくり、みんなで楽しく遊べる集団遊びの形成、事故、安全に細心の注意を払えるような人的環境作りなどが、子どもの遊びを促すための大事なファクターとなる。いわゆる遊びのコーディネーターが小児病棟では不可欠になってくるわけだ。

プレイルームの存在は、病児に対して単なる空間を提供するだけといった考えでは不十分なのである。遊びを支援できる「人間」と豊かな遊びが展開できる「空間」といった、二つの「間」がマッチしていなくてはならない。

小児病棟における遊びの意義には「ＰＬＡＹ」の原則がある。「ＰＬＡＹ」とは、Participation（参加）、Lessens（緩和）、Allows（可能にする）、Yields（産む）の頭文字を取ったものだ。「参加」は、遊びに参加することは不慣れな環境の中で精神の安定をもたらす。「緩和」は、痛みや不安からくる衝撃を緩和する。「可能にする」は、子どもが興奮や恐怖に対し、努力して乗り越えることを可能にし、その結果、入院がよい体験になる。「産む」は、回復を早め、入院期間が短くなるという結果を生む。(Barbara F. Weller著『悩める子どもの遊びと看護』大阪府立看護短期大学発達研究グループ訳、医学書院)こういった理由に基づき、病児にとってもいかに遊びが大切かを明確に唱えている。

医療器具をおもちゃに見立てて子どもに恐怖の緩和、治癒の促進を促す例も聞く。ある看護婦が、注射を打とうとすると逃げ出そうとする子どもにどうすれば理解してもらえるかと考えた。そこで注射器の針を取って、そこに赤や黄色の染料を入れて遊ばせたのだ。赤と青を入れると紫に変わる。その道具に医療器具を使うのである。そういった部分で、いわゆる医者患者の垣根を取り除こうという試みだそうである。これは、子どもの本来持っている遊び心、探求心を上手に遣った一つの遊びだといえる。このように、子どもたちに過剰な恐怖を与えないために、医療器具で普段遊ばせることは必要である。聴診器や注射器、血圧計、こういったもので遊ぶと、それまで体が固まるほど恐怖心を持っていた子どもが、いくらか安心し、子どもの心が開かれるのである。

こうした遊びに対する価値観のグレードアップは大切な視点だ。看護婦が病児に対して、決められた点滴を忘れるところはまずない。血圧を測る時にできるだけ正確な数値を読み取ろうと努力する。しかし、日々の業務の忙しさや遊びの文化度が薄かった病院においては、子どもたちの遊びの大切さは忘れがちになっていたであろう。

米国はピッツバーグ子ども病院のプレイルーム。遊びケアの専門家，チャイルド・ライフ・スペシャリストの管轄のプレイルームには豊かな遊びのアメニティが確保されている。

病児と遊びの問題を海外にも視線を移して考えていきたい。

「病児の遊びケアとおもちゃ文化」をテーマにピッツバーグ、ボストン、フィラデルフィア、ニューヨークの四都市をたずねたことがある。小児病棟の遊びケアの最先端である米国の「チャイルド・ライフ・スペシャリスト」の現状を自分の目で確かめたかったからである。

私が訪れたのはピッツバーグという中規模の都市だ。鉄鋼の街ピッツバーグといわれ、巨万の富を稼ぎ出した実業家が経済を支えた面影は今はもうないが、医療の世界でもう一度よみがえった。世界中から臓器移植の最先端技術を学ぶため、第一線の専門家が集まる。そのピッツバーグで私たちの興味を注いだのは病児の遊びケアの専門家チャイルド・ライフ・スペシャリストが豊富にそろう「ピッツバーグ小児病棟」と乳幼児のデイケアセンター「child's way」であった。

小児病院ではチャイルド・ライフ・スペシャリストのチーフであるデニスさんが病院内の視察に同行し、さらに一時間ほど病児の遊びケアについて講義をしてくれた。デニスさんの「医者も白衣を脱いで遊ぶ。プレイルームでは絶対に病気の話はしない」というメッセージには心を打たれた。さらに各フロアーに設置されたプレイルームは、見るからに専門家がきちんと運営をはかっていることが一目瞭然であった。この病院のプレイルームは大型量販店が協賛しているものが多かったが、地域の企業が病児の遊びのサポートをしている話は日本ではあまり聞かない。（前頁写真参照）

一九八五年に制定されたアメリカ障害者法以来、福祉と医療はハンディキャッパーを意識せざるを得なくなったが、その法律の隙間に陥っていたのが乳幼児のハンディキャッパーの問題だ。Child's way は重度の障害を持つ乳幼児や疾患を持つ乳幼児のデイケアセンターである。医師の処方にのっとり、家族の側になるべく立ったケアが施されている。連邦政府から設立が認められたのが一九九八年でまだ日は浅い。元自動車整備工場だった建物を全面改装して作られたが、そのでき上がるまでのプロセスがロビーの壁面に壁新聞のように張られており、設立者たちの手作り感覚の温かい思いが伝わる。三〇人ほどの子どもに対し、四人の専任看護婦のほか、作業療法士、発達心理士などさまざまな専門スタッフがケアにあたる。乳児にチューブで栄養を補給中に、オイルマッサージをしていたス

重度の障害や疾病を持つ乳幼児のデイケアセンター機能を持った「Child's way」で，代表のギター伴奏で遊び歌を楽しむ子どもたち。どのような状況でも，遊びを欲している子どもたちにできる限りの対応を施そうとしている。

タッフは印象的だったし、子どもに適した遊びの提案をしていたスタッフも誇りを持ってその任についていた。（上写真参照）

どのような境遇の子どもであろうが、できる限りの最善の環境を整える。こうした人の思いと空間設定の大切さ、それに、地域ぐるみで応援することの力強さを痛感した。

子どもたちはどんな環境でも遊びたがっている。しかし、入院生活といった子どもにとっては特殊な空間と時間の中では、大人の遊びへの深い理解が必要だ。

小児病棟の現場をつぶさに見ていくと、子どもにとって遊びとは、医療行為や看護活動の重要さと同じ価値を持ったものだということを十分認識できる。「病院だから我慢をさせる」といった遊び観から、子どもの遊びをできるだけ促そうといった医療・看護観になってきていると強く思う。

第6章　子どもとお年寄りの「豊かさ」とは何か

●仕事は真面目で、遊びは不真面目か

誰しも必ず聞いたことのある言葉として「君、遊び半分で仕事してもらっちゃ困るよ」というのがある。仕事は真面目な活動で、遊びは不真面目で取るに足らないことという図式である。しかし考えてみると、仕事よりも遊びの方が真面目な取組みなのではないかという気がする。

例えば、仕事は結構怠け心が出たり、ちょっと手を抜いたりとかいうことがあり、それが社会通念上、案外許されたり、弁解がきいたりする。「彼も徹夜続きだったから」とか、「彼悩んでいるんだよ」とか、仕事上は割合と弁解がきくことも多い。

しかし、遊びはそういうことが絶対に許されない。林に入ったゴルフのボールを手で持ってフェア

ウェイに投げたら、人格的に否定されるし、もう二度と誘ってもらえない可能性がある。麻雀でずるいことをやると小指を落とすことにもなりかねない厳しい世界もあると聞く。子どもの世界でも遊びのずるいことはご法度だ。仲間はずれから村八分まで発展しかねないほど、子どもは遊びの規律には厳しい。

こう考えると、実は遊びの方が厳しい精神の上に成り立っており、仕事の方が緩やかな精神の上に成り立っているのではないかと思える。

逆にいうと、仕事は遊び半分でやれることもあるが、遊びは遊び半分じゃやれないのである。特に、子どもの方に目を向けると遊びの厳しさをすごく感じることが多いのである。誰も、手を抜いて遊んでいる子どもはいない。積み木で遊んでいる子に、手を抜いている子はいない。一心不乱である。お腹がすいていることを忘れるくらい打ち込んでいる。誰しも子どものとき、暗くなるのも忘れて遊びに没頭した思い出がある。ハッと気がつくと暗くなってしまっていたとか、こんなに遠くに来てしまったとか。ところが大人になると、次第にそういう感覚が薄れて、腹が減ればめしということになるし、お金を使わないと楽しめなくなる。子どもはお金を使わないで遊びに没頭できる。

最近「老人力」という言葉が出てきた。文部科学省も「生きる力」を唱え始めている。さまざまな力が人間に求められているが、その中でも「遊び力」というものが人生を豊かに過ごす上で、最も大切な力ではないかと感じる。多世代社会の中で、子どもからお年寄りまでの遊び力は徐々に下降線をたどっているのではないかと心配している。

そういった意味で、ここでは、遊びの文化的価値や効用、多世代交流の中で遊びが果たす意味をとらえ、さらに、遊びに焦点を当てて、子どもとお年寄りにとっての「豊かさ」とは何かを考えていきたい。

以前、ある大学病院で、リハビリの部屋を覗いたことがあった。そこでは七四歳の方がリハビリをしていた。右半身不随で、作業療法士から指導を受けていたのである。

汗を流して必死であった。療法士がストップウォッチをもって、あと何秒とか、もう二セットやろうとかいっていた。リハビリを終わる頃には精根使い果たして死んでしまうのではないかと思うほどであった。

リハビリが終わってから、偶然そのご老人と私は目が合ってしまった。「こんにちは」と挨拶したら、その方が急に身の上話を始めた。右手が動かなくなって参ってしまったこと、定年退職後に続けていたボーリングができなくなってしまったことなどを語り始めた。靴もボールも専用のものを持っていて、アベレージは一六四の腕前の持ち主であった。「何たって、ボーリングができないのは悔しい」とおっしゃる。「もう一度ボーリングをやりたいからリハビリをやっているんだ」というわけである。

それでふと棚をみると一〇センチくらいの木製のピンがあるのに気がついた。私はそれを持ってきて、並べてあげると、彼は自分の手に巻きつけていたスポンジのようなものでぽんと触れた。ピンは二本しか倒れなかったので、私はよけいなことをいってしまった。「アベレージが一六四もの方が八

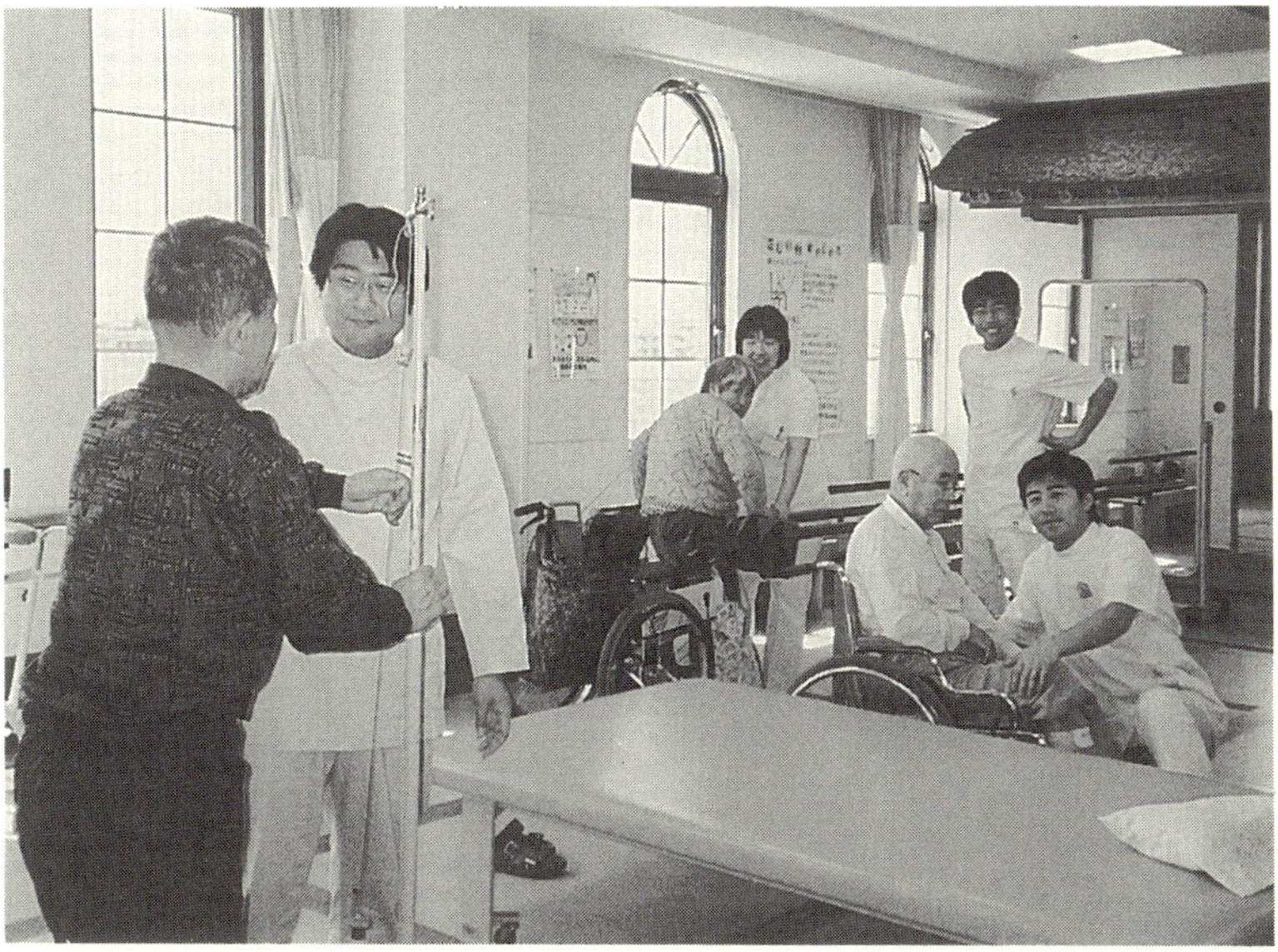

岩手県の作業療法士，松田さんとおもちゃ美術館の交流が始まった。おもちゃを有効活用していこうとする作業療法士の新しい試みが現場で展開されている。「訓練」と「遊び」を調和させたニュー療法が生まれることが楽しみだ。

本も残しちゃまずいですね」と。するとと彼はもう一回ピンを立てろといいだした。しかし、何回やってもストライクがとれない。「時間があるからスコアをつけてあげましょうか」と提案したら、ワンゲームはじまってしまった。最初九八しか取れなかったのである。くやしがって、このままじゃベッドに戻れないというので、結局六ゲームまで付き合ったのだが、最後二三〇点の好スコアをだした。

先ほど死にそうな顔をしてリハビリをしていた方と、もう一度やらせろといっている方とは、まるで別人に思え、不思議な気持ちになった。リハビリは訓練だから仕方なくやる。

片や遊びは楽しみながら取り組めるといった違いを感じた。これは翻って、仕事は厳しく真面目にやるべきことで、遊びは取るに足らないことだという価値観を修正しなければならないことを私自身に初めて気づかせてくれた。

これと同じようなことを、幼児教育の場でも感じることがあった。ある保育者が、手のひらサイズの布でできたおもちゃをつくった。それは、おたまじゃくしと蛙とが裏表のリバーシブルになっていて、口の部分からくるっとひっくり返すとおたまじゃくしになる、またひっくり返すと蛙になるというものであった。三歳児担当のその先生は、夜なべして一〇個つくって子どもたちにあげた。子どもたちは夢中になって遊び、家にも持ち帰る。母親に、「先生からおもちゃもらった」と話したり、父親に見せたくて帰宅が待ちきれなくて寝てしまったりしたそうだ。そして毎日、保育園に持ってきては宝物のように大切に遊ぶというようなことが続いた。

一週間後、先生はお昼寝が終わった子に、「靴下の先からおひげがでている子はひっくり返しなさい」といった。靴下が裏返しになっていると、先に糸くずのようなものが出ていて、それがひげに例えられた。子どもたちは、靴下を持つと、条件反射のように見事にひっくり返した。「ひっくりかえる」のおもちゃと全く同じだからである。三歳児はまだひもも結べない、ボタンもかけられない。靴下を裏返すなど到底できないものなのであるが、一週間、おもちゃで「修業」をしているので、ものの見事にやれるようになるのである。

この保育者をプロだと思ったのは、しつけを訓練にしないで遊びにしているからである。このおも

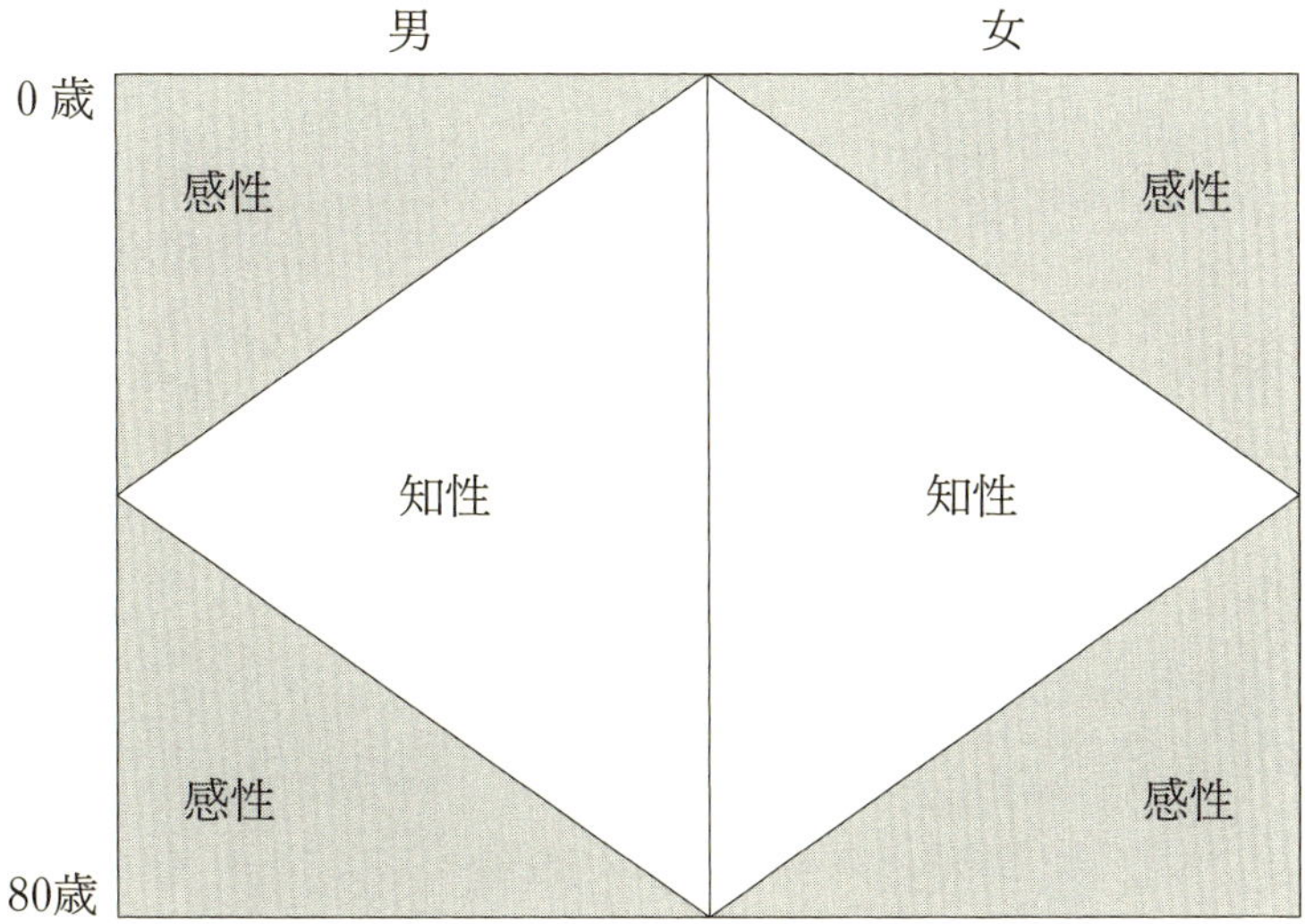

ちゃが、単純な訓練作業道具だったら、子どもたちはすぐに投げ出していたであろう。訓練道具は、管理的であり、指導的なシステムをつくらないと子どもは動かない。しかし遊び道具は、大人がやめろというまで熱中する。遊び道具をつくってあげると大人は一切なにもいう必要がない。子どもはそれにエネルギーを全力投球する。遊びとして、ワクワク、ドキドキしてやることは、人が何をいおうが頑固にやり通すことができるのである。遊びの底力、とでもいうのであろうか。

　上の表は、縦軸が年齢で、横軸が男女である。斜線の部分は、一生涯のうち人間が生活の営みの中で感性を必要とする割合で、ひし形の白い部分は生活の営みの中で知性を必要とする割合を面積で表している。豊かな人生を送るためには、半分は感性豊かな人生に費やさなければいけないという考え方を図表化したものである。

こういう生き方は現代人は苦手であるかもしれない。いかに斜線の部分を少なくして人生を生きていくかという考え方が、知育を優先した早期教育に熱心な親には多いからだ。

この図でいくと、乳幼児期と後期高齢期は感性で日々を楽しみ、知性は生活の営みでさほど重要視されない時代と考える。少年期と前期高齢期の時代では感性と知性の両方が人生に必要とされる時代となる。

こうした豊かな感性が求められる層、感性と知性のバランスが必要とされる層、それに、多くの知性と少ない感性で日々励んでいる層といった、五層構造が多世代社会には大切であると思っている。もっと踏み込めば、社会を支える現役時代の層が、感性で生きる層にサンドイッチにされている社会が理想と考えているからである。この考えをわかりやすくするために、「姥捨て山」の話を例にあげながら述べていきたい。

ある老人ホームに伺ったとき、ロビーの一角に「お年寄り文庫」というものが設置されていた。私は老人ホームに設置されている本棚にはどのような書籍が選ばれているのか興味が湧き、一つ一つ丁寧に本の背表紙を追いかけた。しばらく見ていて、「姥捨て山」という本に出会ったときには、「これはブラックユーモア」かと目を疑った。無償に読みたくなり、ページを開いてみると、私の「姥捨て山」観はいっきょに変わった。「この本は老人ホームにふさわしい」と。

少々長くなるが、素晴らしい話なのでかいつまんでご紹介したい。

飢饉が長引き、食べ物に困っていた村があった。殿様は「年よりはごくつぶしで、何の役にも立たない。六〇になったら山に捨てるように」というおふれを出した。村内のある孝行息子は、悩みぬき辛さを振りきって、ある朝母親を背負って山に登った。道すがら母親は樹木の枝をポキポキと折り曲げていた。不思議に思う息子に「おまえが道に迷わないように目印がわりだ」という。息子は自分を気遣う母親の気持ちを思うと泣き出し、母親を背負ったまま下山してしまう。息子は床下に穴を掘り母親を隠してしばらく暮らすことになった。あるとき、隣の国の殿様が知恵くらべをしかけてきたが、その質問が灰で縄をなう方法といったような難題であって、大勢のお役人は困り果てていた。そこで殿様は、おふれを出して、この難題に答えた者には褒美を与えることを約束した。毎晩、村人たちが会合を重ねても、誰一人答えられない。孝行息子が、床下の母親に尋ねるといとも簡単に答えた。灰で縄をよろうとするから難しいので、縄を灰にすれば簡単で、しめ縄のようによりを強くして、少しずつ燃やしていけばできあがることを息子に伝えた。この名解答を引っさげて、お城に上がった孝行息子に、感激した殿様はなんでも望みをいうように話した。孝行息子は思いきって、かくまっている母親のこと、この名解答はその母親から教わったことを白状し、六〇の年寄りを山に捨てる決まりを止めるよう進言したのである。殿様は驚いて、その望みを聞きいれ、姥捨てを止めることにした。

ざっと、このようなあらすじであるが、なんとも心温まる話ではないか。姥捨ては、ごくつぶしは消えてくれといったものだが、その代わり貴重な人材である知恵者を失うことになる。やはり、地域には高齢者が絶対に必要なんだといった強いメッセージをも伝えているように感じる。

また、別の姥捨て山にこのような話もある。

長男がもっこを背負って、それに自分の親をゆわえて山を登る。山を登る時、自分の子どもの手を引いて、三人で山へ登る。それで山の中腹に着いたらもっこを背中からはずし、しばり付けたお年寄りも解いて、お年寄りをそこに座らせる。一週間分の食糧を置いて、もっこをその辺に投げ捨てて、子どもの手を引いて下山するというのが通常の姥捨ての話である。

しかし、そこから話の展開が変わるものもある。下山しようとした時に、その子どもが、その「もっこ」を持って帰ろうとするというわけである。そうするとお父さんは、「それは、もう用がないんだから捨てなさい」と、子どもを叱り付ける。すると子どもは「僕が大人になったらまた使わなければいけないんだから」と。そこでお父さんは、「あっ！　おれは、もしかしたら間違ったことをしていたんじゃないか」と、気づかされて、それでまたもっこを背負い、親を背負って、子どもの手を引いて帰ってくるという話なのである。

私は、二一世紀に向けて、この第二の話のほうを流行らさなければならないと思う。現役世代の人たちは実は高齢者福祉のことを心から考え、大切なことに気づく余裕がない。高齢者のことを非打算的に心から考えてくれる人、また現役世代の人たちの誤りに気づかせてくれる人は、子どもだということである。ようするに、子どもとお年寄りは運命共同体であり、またよきパートナーでもある。両者お互いにサポーターだということである。

二つの「姥捨て山」を少子高齢社会に照らして考えてみると、現役世代は常に一定のバランスで、子ども世代と高齢者世代にサンドイッチされなければならない必要性を感じる。現役世代は、高齢者

前期子ども期（乳幼児期）	遊び充実期	感性
後期子ども期（学童・少年期）	遊び減少期	感性＋知性
現　役　世　代	遊び衰退期	知性
前期高齢者（65歳〜75歳）	遊び増加期	感性＋知性
後期高齢者（75歳〜）	遊び充実期	感性

多世代社会の五層モデル

の知恵に支えられ、時に教えを導かれ、また、子どもによって気づかされることが多いのではないかと思う。枝をポキポキ折ることで、道に迷わないための目印を作り、気遣うことは、若い世代すなわち現役世代の人生になぞって考えることもできる。もっこを持って帰ろうとした子どもの「大人になって使わなくてはいけないから」の一言は、高齢者への対応の過ちを気づかせる、核心を突いた警告とも受け止めたい。忙しさにかまけ、突っ走りがちな生き方を進め、思慮に欠けた行為をしてしまいがちな現役世代には、常に子どもとお年寄りといった両サイドからの挟み撃ちが必要なのかもしれない。

感性を必要とし、感性で豊かに過ごす層が、多世代社会の両サイドにまたがることによって、現役世代にしなやかな価値観と文化を与えることになるのかもしれない。少子高齢社会は、そういった意味で、現役世代の為にも憂慮すべき問題なのだ。

人生八〇年の感性・知性の設計図におもちゃも重ね合

わせていくと、基本的におもちゃは感性を育む道具であるから、子どもと共に高齢者の時代にとってても大切になってくる。こうした視点に立っておもちゃの可能性を探るとすれば、次の三つのキーワードを提案したい。

① エイジレストイ

おもちゃイコール子どものものといった従来のおもちゃ文化の払拭が求められる。人々のロングライフの支援者として、メーカーも小売店も多世代社会に対応できる力を発揮してもらいたい。子どもにも楽しめ、大人にも手ごたえの感じられるおもちゃ開発は必須であり、シニア層にも自分自身の道具探しのために店の敷居をまたいでもらう小売は目指せないものであろうか。こうした発想の転換が、市場でのおもちゃの寿命を延ばし、ロングセラー玩具を生む起因ともなる。

② コミュニケーショントイ

祖父母と孫や親と子のコミュニケーションが希薄になる中で、おもちゃがその両者の仲人役を務める意義は大きい。近年のコンピューターゲームに代表されるようなコミュニケーションを遮断しがちなおもちゃが増加する中、コミュニケーションのバランスは崩れかけている。世代間の交流も含め、人間関係が豊かに膨らみ、人間と人間がもみ合い、もまれ合うためのおもちゃの開発を期待したい。

③ ヒーリングトイ

近年、心の癒しが唱えられている中で、特にシニア層の心の栄養になるような、おもちゃの登場が待たれている。精神的に不安定なお年寄りを抱える高齢者福祉施設や在宅での独居老人が多くなる中、心の安定につながるおもちゃへの期待は大きくなるに違いない。プレイセラピー、トイセラピーなどが、今後、福祉の世界でも活用されていく傾向も見受けられることも考えられ、長期的な視点に立ったおもちゃの研究を開始してもらいたい。

長寿社会をとらえたおもちゃの可能性を探れば、以上の三点の他にもいくつかポイントは浮き彫りになるに違いない。しかし、初期の段階では、二一世紀をにらんだおもちゃの方向性を求めるには、充分な目標値ではなかろうか。

●約束した遊び、文化、芸術の保障

日本の現役社会に週休二日制が浸透し、学校も週五日制がスタートした。国民全般にわたって休みが増えたわけだが、その過ごし方についてはさまざまな問題が指摘されている。特に子どもの問題は、休日の過ごし方が地域や家庭に期待されているところが大きいが、実際のところ、子どもが持て余す時間を、大人は塾や習い事へ託し、また一人遊びの道具であるおもちゃへと託す。

子どもから遊びや地域集団を奪ってしまったことで、「子ども時代」を子どもとして過ごすことが許されなくなっている現実を感じる。

子どもたちの遊び文化は、大人たちによって作り出された膨大な商業主義の産物によって外堀から攻められ落城してしまった。都合の良い大人たちは、自分の遊び場だけは広大な青々とした芝生を敷

フィンランドの「プレイセンター」は，うらやましいほどの自然豊かな環境が備わっている。児童館でもあり，学童クラブでもあり，子育て中の母親のたまり場機能も持つ。ゆったりとした空間と高い専門性を持つスタッフが備わる子育て支援センターは日本にこそ必要だ。

きつめ一八個の穴とフラッグを立て、子どもたちの遊び場は砂埃が立つからといって、アスファルトで固めてしまった。当たり前にあった原っぱや空き地は今では死語に近く、そこには駐車場ができ上がり、マンションが建ち並ぶ。市民文化センターや美術館など自分たちの楽しみの空間は、何十億円と費やして立派なものを造るが、子どもたちの楽しむ場は、ブランコ、滑り台、ジャングルジムといった三点セットの発想から抜けきれていない。

欧米を中心に諸外国の子どもに関する制度や子ども文化施設を見ることが多いが、そこで目の当たりにするのは、子どもに対する日本と欧米の大人の考え方の大きな差であった。日本の社会は子どもへの育みのマインドがハード・ソフト共に薄いという

プレイセンターで飼育している馬が施設見学の日本人グループが乗る馬車を引く。センター内一周で15分もかかるほど広々とした空間は何ともうらやましい。

ことを痛感する。フィンランドでは、二〇〇〇年に全ての子どもに保育を受けられる権利があることを定めた法律が制定され、市民によって申請がなされた場合、市は四ヵ月以内に措置をしなければならなくなった。

現在フィンランドでは待機児が生まれることは事実上法的に許されないのである。また、ヘルシンキ郊外のプレイグラウンドは、日本でいう学童クラブと児童館と子育て支援センターを併せ持った施設だ。市内に約五〇ヵ所あり、子どもの遊び環境を豊かに保つためには大切なものとして根づいている。ノーマライゼーションを意識したネイチャーゲームや小動物との触れ合いなど羨ましいプログラムが豊富だ。

米国の「創造遊びセンター」にある貸し出し用おもちゃ。さまざまなハンディキャップを持つ子どもに対応できるよう，約1000個のあらゆる機能のおもちゃがそろう。

アメリカ・ピッツバーグの創造遊びセンターは一〇年前に四人の母親によって作られた。地元企業の寄付金と公的補助金によって運営されているノンプロフィットの組織である。組み立て玩具、音楽玩具、パズル、ゲーム、スペシャリティおもちゃ、アクティビティおもちゃ、といったように、約一〇〇〇種類のおもちゃが棚に分類されていた。また、ごっこ遊びを促すようなお店や、病院があったり、創作活動を展開するアトリエも完備してある。文字通り子どものの「創造活動」のサポートをしている。特に、手でもってひっくり返すと振動するおもちゃやプレートを押すと鳴り出す音楽おもちゃなど、感覚機能に程よい刺激を与えるおもちゃが目立った。また、部屋全体が視覚、聴覚、触覚などで体感できる機能を備えた専用ルームが設置されており、部屋全体が大型遊具のようだ。大き目の筆やスタンプ形式のスポンジなどを活用したアート活動も充実しており、さまざまなプログラムはボランティアによって支えられている。

こうした子どものための空間や環境、それに練り上げられたソフトなどとても充実しているのだ。子どもを「遊び」や「アート」それに豊かな「自然」を通して育むためのアメニティが、残念ながら日本よりも高いのではないかと痛感する。

子どもは皆、声なき声として幸福を求めて生きている。そのためには健康で文化的な生活が大人たちによって保障されなければならない。それはまさに子どもの人権であり、基本的人権の中でも、すべての人権のスタートとなる。子どもへの福祉はそのようなことから大人たちの考えによるところが多く、子どものためにどれだけ「汗をかく」かによるものである。子どもの暮らしは単に与えられるものだけでなく、子ども自ら獲得するものであり、さらに、大人たちと共に創り出すものでなくてはならない。

子どもの福祉文化を考えた場合、子ども自身が創り出す文化を大人たちがどのような形でサポートしていかなければならないのか。世界の大人たちが、子どもたちの生活文化を応援するために、どのような「約束」をしてきたかを確認しておきたい。

子どもたちが健全な生活文化を営むためには、豊かな遊びや文化活動を形成する必要がある。友だちと十分に遊び、文化を享受できる「時間」が求められる。さらに、さまざまな年齢層の友人による異年齢集団の形成も見逃せない。「仲間」の問題である。そして最後に子どもたちが伸び伸びと活動が展開できるスペース、すなわち「空間」も大切になってくる。こうした「時間」「空間」「仲間」の三つの間は、子どもたちの日々の生活文化にとって必須条件であることは、研究者によって昭和四〇年代にすでに指摘されたことでもある。

こうした諸条件に対して、「児童憲章」、「国連の児童権利宣言」、ならびに「子どもの権利に関する条約」といった、大人たちの三つの「立派な約束」は何を果たそうとしているのであろうか。

一九五一年にわが国が制定した児童憲章の五項では「すべての児童は、自然を愛し、科学と芸術を尊ぶように、みちびかれ、また、道徳的心情がつちかわれる」としている。さらに、九項で「すべての児童は、よい遊び場と文化財を用意され、悪い環境から守られる」と続く。文化に対するきちんとした認識に加え、文化財の質をも強調している点は、そうとう重い約束をしたことになる。いわゆる、子どもの文化活動への大人の理解が強く求められているのである。裏返せば、それほどまでに大人たちは、子どもに向けられる文化、芸術を軽視してきたわけであり、反省の弁といっても過言ではなかろう。

一九五九年に国連で採択された児童権利宣言では、子どもの諸活動の中でも特に、遊びに力点が置かれている。第七条では、「児童は遊戯及びレクレーションのための十分な機会を与えられる権利を有する」として、子どもの遊びを全面的に支援している。そして子どもの遊びは「教育と同じような目的に向けられなければならない」と、子どもの活動の中でも遊びに対する軽視は全く見られない。しかし、現状は子どもの諸活動に、遊び、レクレーションの十分な機会は含まれないことが、徐々に多くなってきている。

一九八九年に国連が採択し、一九九四年に日本でも発効した「子どもの権利に関する条約」でも、子どもの遊び並びに芸術活動・文化活動の保障はさらにレベルアップしている。「児童が、休息し、および余暇を持つ権利、年齢に適した遊び及び娯楽活動を行なう権利ならびに文化的生活及び芸術に自由に参加する権利を認める」（三一条）というように、子どもの日常的なアクティビティがこれほどまでに細かく、ていねいにうたいあげられている点には目を見張る。

長い年月の間に、世界の大人たちは子どもへの約束として、「遊び、芸術、文化」などのさまざまな活動を大切に思うようになってきているのである。

近年、日本は高齢者福祉の充実が叫ばれ、生活文化の豊かさが求められているが、子どもたちの方は、厳しい受験戦争という教育システムが強いられている。子どもの遊環境も激変させられて、彼らの生活の質は歪曲してきている。

福祉先進国として、大きな関心が寄せられているスウェーデンで、一〇〇年ほど前に『児童の世紀』という本が出た。市民社会において女性や子どもの立場がまだ低かった時代に、文明評論家エレン・ケイは、特に子ども時代の環境について、自然を重んじること、文化的であることを強調している。自然は、子どもにとって身近になくてはならないものであり、常に子どもをワクワク、ドキドキさせてきた。自然が子どもにできることは計り知れず、子どもが自然を慈しむ気持ちは貴重なものである。さらに、文化は子どもの肥やしである。文化財や文化活動は子どもの足場を堅め、未来の担い手として大きく育てる力をもっている。

今世紀、決して彼女の満足のいくものであったとは、誰もが思えないであろう。自然も文化も子どもたちから多くを奪い取ってきた。子どもの問題で大きな改善をはかろうとするには、一〇〇年単位の年月がかかるとすれば、大人たちが子どもたちのことで真剣に考えることを怠り続けた証拠といえよう。

校内暴力、いじめ、親殺し、自殺など、予想がつかないほどのストレスや心の傷を子どもたちが負っている。こうした問題は、子どもたちの問題として単独で存在するのではなく、社会全体の複合的問題であり、重層的課題であることを物語っている。福祉と教育が、福祉と文化が今まで仲良く握手しようとせず、それぞれ分離してとらえられてきたことも一因となっているかもしれない。さらに、子ども時代に、子どもから遊びや文化、芸術を奪ってしまった大人たちも大いに反省する必要がある。

子どもは社会にとって宝であり、遊び、芸術、文化はその宝を見事に磨いてくれる。二一世紀になった今、この世紀こそ、子どもの生活文化圏を誇れるものに復活させなければならない。

●ウエルビーイングの多世代社会

芸術教育研究所の高齢者福祉施設を土台とした世代間交流活動の根底には「福祉文化」という概念がある。高齢者と子どもが遊びや文化活動を展開することを福祉文化活動と呼んでもよいだろう。多世代交流の価値をとらえるためにもこの福祉文化について若干の説明が必要となる。

一番ヶ瀬康子氏によれば、福祉文化という語は福祉と文化が合わさった言葉である。造語であるが、ひとつの言葉が生まれるには、それなりの背景と実体がある。一体「福祉文化」という語は、どのような必要性に迫られて生まれたのであろうか。まず、福祉という言葉は広義にとらえれば、幸福、しあわせと同義である。だが、狭義にそして厳密にとらえるならばE・エンゲルスによると、「日常生活欲求の充足努力」ということである。つまり英語でいえばハッピー（Happy）よりもウエルビーイング（Wellbeing）に近い言葉である。「福祉文化」とは、福祉の文化化と文化の福祉化を総合的にとらえた概念であると、一番ヶ瀬氏は定義づけている。従来の福祉は弱者救済的なものとしてとらえられ、何か上のほうから下のほうの人たちに手を差し伸べるような、イメージとしては暗い灰色のものであった。しかし、福祉本来の姿は、日本国憲法の二五条にあるように、「すべての国民は健康で文化的な最低限度の生活を営む権利を有する」としており、ここに福祉の根源があり、福祉文化を追い求めるエネルギーとなる。

もともと、文化（Culture）とは、耕すという言葉に端を発している。日々の暮らしにおいて環境

デイサービスセンターの利用者お年寄りにとっては，草花の簡単な塗り絵も立派なアート。経験がないお年寄りは創作活動に進んで取り組もうともせず，困難なものも多い。ある程度の導きをすることによって，アートを苦しむものから，楽しむものへと変えることができる。

的に働きかけながら創造的に、真・善・美を目指し努力する中で多面的に生み出されてくる。それにより、音楽・絵画・スポーツ、その他の文化が生み出されてくるので、一部の条件に恵まれた人の努力だけでは限界がある。すべての人が草の根からの文化創造を目指して日々の生活が営まれてこそ、文化の基盤はより広く深まり、高められるものといえる。以上のことから福祉と文化は別物ではなく、生涯学習を媒介にしっかり統合されなければならない。

一番ヶ瀬氏によると「明治時代に封建社会から日本が近代国家として急激に変身を遂げてゆく中に、近代国家としての必要条件として福祉があった。しかし、その時、慈善という形で始まった日本の福祉は、戦後民主的で平等な社会となった今でも、慈善的体質が尾を引いている」とし、福祉を受ける側とさしのべる側とが平等の関係にあるのが望ましいということだ。

従来の福祉の観点、形に固定された考え方にとらわれ、決まった観念に当てはめようという人は、福祉の担い手といわれる人の中に少なくない。高齢者福祉施設で子どもとの交流活動をどうして展開しなくてはならないのかと、疑問に思う人も少なくない。福祉という従来の枠を創造的に破っていこうという人は多くない。しかしながら、恩恵的福祉観から解放され、社会的弱者といわれる人も、同じ一人の人間として、同じ仲間として、受け入れていこうという試みが徐々になされている。

日本は今まで経済大国の道をひたすら走り続けてきた。経済大国になってふと気がついた時、豊かにはなったけれども、大切なものが失われていた。それが人間自身のウエルビーイングかもしれない。今、子どもにもお年寄りにもこのウエルビーイングが、決定的に欠けている。

同じデイサービスセンターでも、日本は介護色の強い施設を目指しているが、片や北欧ではレクレーション施設に近いものを目指している。この違いは、日本は対症療法的な施設づくりをしているのに対し、北欧では予防福祉という考え方にあると思える。一人の人が寝たきりになる、老人ホームが要るだろうという視点になる。北欧もその視点も大切にしているけれど、もっと大切にしているのは、要介護状態にならないようにするには、元気な内にどういうことをやっておく必要があるのかといったことに相当国が力をいれていることである。これは節約経済でもある。

介護保険が導入され、要介護状態が最重度の場合、国は月に四〇万円くらいの支出をしなければならなくなる。年間五百万はかかる。その町にそういう方が一〇人いると五億円である。そうならなければ、その町は年間五億円を国に使わせないのと同じことである。それが北欧の視点である。一人でも一日でも介護のお世話になる人を少なくする、そんな国民になってもらいたいという願いであろう。見方を変えれば、「介護保険掛け捨てのすすめ」ということになる。誰も自分が払い込んだ介護保険料をボケまくって、元を取ってやると意気込んでいる人はいない。フィンランドで見かけた高齢者の腕時計には、脈拍を測るセンサーがついていて、脈拍が乱れるとセンサーがキャッチして、救急病院に信号がいくようになっているのである。外出してどこかでばったり倒れて、三ヵ月、半年入院の高額な入院費のコストを削減する意味があるからだ。

最近、企業の社会貢献や社会的活動に対し、メセナとかフィランソロフィーという概念を耳にする。たいてい、どこかの企業が福祉・文化団体などに一千万、二千万寄付するといったこともそれに当たるが、フィランソロフィー活動は、お金を寄付するだけでなく、健康で生き生きとして、国にお金を使わせないということも、逆フィランソロフィー活動だと思われる。人が一〇年間要介護状態にならないということは国に五千万円使わせないということに等しい。五千万円寄付するということは、並たいていの人ではできない。しかし国に五千万円の金を使わせないということは、案外、誰でもできるのではないかと思うのである。五千万円使わせないということは、五千万円の寄付をすることと同じではないか。そういうフィランソロフィーがあってもいいように思う。

日夜、子どもの壊れたおもちゃの診察活動をしているおもちゃ病院の高齢者や、小学校や公民館で

北海道の斜里町で開かれたグッド・トイフェスティバル。人口13000人の町でありながら，会場には延べ1800人の人々が参加した。「町の子どもたちをこんなにいっぺんに見たことは初めてです」と関係者が語る。会場には孫・親・祖父母世代の「三世代おもちゃコーナー」があったり，手づくりおもちゃ教室では多くのシニア層が活躍した。おもちゃには多世代を呼び寄せる不思議な力があることを思い知った。会場が理想とする多世代社会となった瞬間だ。

手づくりおもちゃ教室の指導をしている方に、要介護状態になる方が少ないことに驚いている。子どもとのかかわり活動が寝たきりやボケ防止を呼ぶのであろうか。飛躍しすぎかもしれないが、生き生きとした子どもとの関わりが深いライフスタイルは、もしかすると予防福祉になるのではないか。もしそうであれば、多世代社会の中で「子育ち」の支援者として、多くのシニア層が腰を上げ、子ども文化に貢献することは、遠回りなフィランソロフィー活動になるはずだ。

誰もが、いくつになっても幸せで長生きな人生を求める。ギリシア時代を代表する多くの哲学者たちは、八〇歳以上まで長生きしている。スポーツ観戦にいそしみ、馬車で旅行を楽しみ、裁判で弁論し、宴会にも盛んに顔を出し、なかには酒の飲み過ぎで死亡するなど、死の間際まで、生き生きと人生を送っていた。

人は人生のフィナーレを迎えるまで、いつまでも生き生きと、遊び心を満たした生き方を望むに違いない。前述のとおり、誰もが国に納めている介護保険料の元を取ってやろうと思っておらず、保険料掛け捨ての人生を望んでいるに違いない。

中国では、古くから「福祉」を「天寿を全うし、喜びにあずかる」という意味でとらえていた。天寿を全うすることがいかに素晴らしいものであるか、それを求めることが先人たちの永遠のテーマでもあった。そのようにとらえると、いかに「遊び」や「遊び心」が大切であるかがわかってくる。遊び心豊かな人生と天寿を全うする人生をイコールで結ぶことはできないであろうか。「人生楽しかった」と最期に振り返られることに、遊び文化は多大な貢献を果たせるものと考える。レジャーやレクリエーションのような遊びだけではなく、音楽や文学、美術などの芸術活動も広義には遊び文化であり、スポーツや旅行などもまさしく遊びである。そのような広い意味での遊び文化が、どのような人の人生にも、もっと熟成されてよい。

人間にとっての豊かさは、決して経済的な豊かさだけでははかれないものであり、精神的な豊かさも求めなければならない。豊かさを支え、喜びがともなった天寿の全うにとって、ウエルビーイングの問題はかなり大切な課題となりえ、真正面からとらえていく意義は大きい。

全国各地で、芸術や遊びを中心とした多世代交流を福祉としてとらえて実践してきた由縁は、まさにそこにある。

しかしながら、「遊び気分」というと人は不真面目さを指摘し、「遊び半分」というと、いいかげんな取り組みを指し、明治、大正生まれの人ほど「遊び」に対する罪悪観は強い。遊び文化華やいだ江戸時代以後は、日本は文化的に見て、遊び受難の時代が長すぎたのではないだろうか。

遊びを貴ぶ欧米諸国との人間の生き方に対する価値観の違いも、こうしたところで浮き彫りになってくる。遊びによるワクワク、ドキドキをスペインでは「アニマシオン」といい、人生を通して不可欠の栄養源とされている。アメリカでは「センス・オブ・ワンダー」という言葉もある。自然に対して驚いたり、感動できたりする感性で一生涯持ち続けていたいものとされている。世代間交流で架け橋となる芸術や遊びは「人間と人間のコミュニケーションを豊かにする文化」であり「自己実現」を活性化してくれる大切な処方箋だ。

今日の多世代社会において、人と人との交流は薄れつつある。特に子どもとお年寄りの交流は日常的に極めて希薄だ。さらに両者とも、遊びや芸術文化の栄養失調に陥りかねない状況でもある。

大衆長寿時代を迎え、今後、人々が身体や心を癒す場の環境面からのアプローチはますます高まってくるに違いない。医療、福祉、保健施設領域など人間に相対する専門領域は近い将来「芸術アセスメント」「遊びアセスメント」の対象になるだろう。

芸術や遊びの豊かさが求められる高齢者と子どもを意識した地域アメニティの高さが、人間が自己実現を果たすための一つの尺度として重要視され、二一世紀の多世代社会の豊かさを支えるものになるであろう。

子どもと高齢者は、さまざまな共通性があることも触れてきた。両者は「遊びの天才」であり、「芸術家」であり、そして、感性が研ぎ澄まされた時代を生きる人間である。こうした両者が豊かに付き合っていける社会こそが、私が望みたい多世代社会である。これは子どもが自ら育つ「子育ち」にとってもふさわしい社会であり、人生のフィナーレを迎える高齢者にとっても望ましいものだと考える。

二一世紀は感性豊かな天才である子どもと高齢者に失礼のない時代としたい。

著者紹介

多田千尋

1961年生まれ。芸術教育研究所所長。東京おもちゃ美術館館長。早稲田大学講師。ロシア・プーシキン大学に留学，科学アカデミー就学前教育研究所および国立玩具博物館研究生となる。

現在，乳幼児教育・子ども文化にかかわることに加え，高齢者福祉・世代間交流についても研究・実践。各地の老人ホームやデイサービスセンターでの「高齢者の遊び」を中心とするアクティビティサービスの実践研究や，スタッフ，ボランティアを対象にした「高齢者福祉のためのアクティビティディレクター資格認定セミナー」を開催。また，シンポジウムや講演会などの講師を務め，子どもと高齢者の遊び文化・芸術文化の豊かな発展を提唱する。

芸術教育研究所，あーと・らぼ

〒165-0026　東京都中野区新井2-12-10
Tel.03-3387-5461(代表)　Fax.03-3228-0699
ホームページ http://www.toy-art.co.jp

遊《あそ》びが育《そだ》てる世代間交流《せだいかんこうりゅう》

2002年8月10日　初版発行
2015年3月10日　5刷発行

著　者	多《た》　田《だ》　千《ち》　尋《ひろ》
発行者	武　馬　久　仁　裕
印　刷	藤原印刷株式会社
製　本	協栄製本工業株式会社

発　行　所　　株式会社　黎《れい》　明《めい》　書《しょ》　房《ぼう》

〒460-0002 名古屋市中区丸の内3-6-27 EBSビル
☎052-962-3045　FAX052-951-9065　振替・00880-1-59001
〒101-0047 東京連絡所・千代田区内神田1-4-9
松苗ビル4階　☎03-3268-3470

落丁本・乱丁本はお取替します。　ISBN978-4-654-01705-8